화엄경 제65권 (입법계품 39-6) 해설

화엄경 제65권에는 자행동녀의 관정주가 나온다.

그때 선재동자가 여러 선지식들을 존중하는 마음을 내고 청정한 이해를 내어 항상 대승을 생각하는 마음으로 사자분신성에 이르니 사자당왕의 딸 자행동녀가 500동녀를 데리고 있었다.

파리로 땅이 되고 바이두우랴로 기둥을 만들고 금강으로 벽이 되었으며 궁궐 속에 황금찬란한 몸매를 가지고 설법하고 있었다. 선재동자가 찾아오게 된 동기를 말하니,

"나는 36항하사 부처님을 뵙고 거기서 보고 들은 대로 이집을 장엄하였으니 갖가지 문과 다라니를 구경하고 제 3안국 선견비구를 찾아가 보라."

하였다. 이에 선견비구를 찾아가니 열 가지 행을 가르쳐 주었다.

① 선견비구의 환희행

② 자제주동자의 요익행

③ 구족우바이의 무위역행

④ 명지거사의 무굴요행

⑤ 보발장자의 이치난행

⑥ 보안장자의 선현행

⑦ 무염족왕의 무착행

⑧ 대광왕의 난득행

⑨ 부동우바이의 선업행

⑩ 변행외도의 진실행

이 그것인데 이중 명지거사 무굴요행까지가 65권이고, 부동우바이

의 선법행까지는 66권, 변행외도의 진실행부터 67권에 해당된다.

환희행이란 기쁜 마음으로 도를 닦는 것이고, 요익행은 일체 중생과 일체 세계에 이익 되는 일을 하는 것이고, 무위역행은 남의 마음을 거스리지 아니 하는 것이며, 무굴요행은 물이 개울 따라 흘러가듯이 인연 따라 세상을 사는 것이다.

入法界品第三十九之六 (입법계품제삼십구지육)

爾時善財童子於善知識 (이시선재동자어선지식)

所起最極尊重心生廣大 (소기최극존중심생광대)

淨解常念大乘專求佛智 (정해상념대승전구불지)

見諸佛觀法境界無障礙智 (견제불관법경계무장애지)

常現在前決定了知諸法實 (상현재전결정요지제법실)

際常住際一切三世諸刹那 (제상주제일체삼세제찰나)

際如虛空際無二際一切法
제여허공제무이제일체법

無分別際一切義無障礙際
무분별제일체의무장애제

一切劫無失壞際一切如來
일체겁무실괴제일체여래

無際之際於一切佛心無分
무제지제어일체불심무분

別破衆想網離諸執着不取
별파중상망이제집착불취

諸佛衆會道場亦不取佛淸
제불중회도량역불취불청

淨國土知諸衆生皆無有我
정국토지제중생개무유아

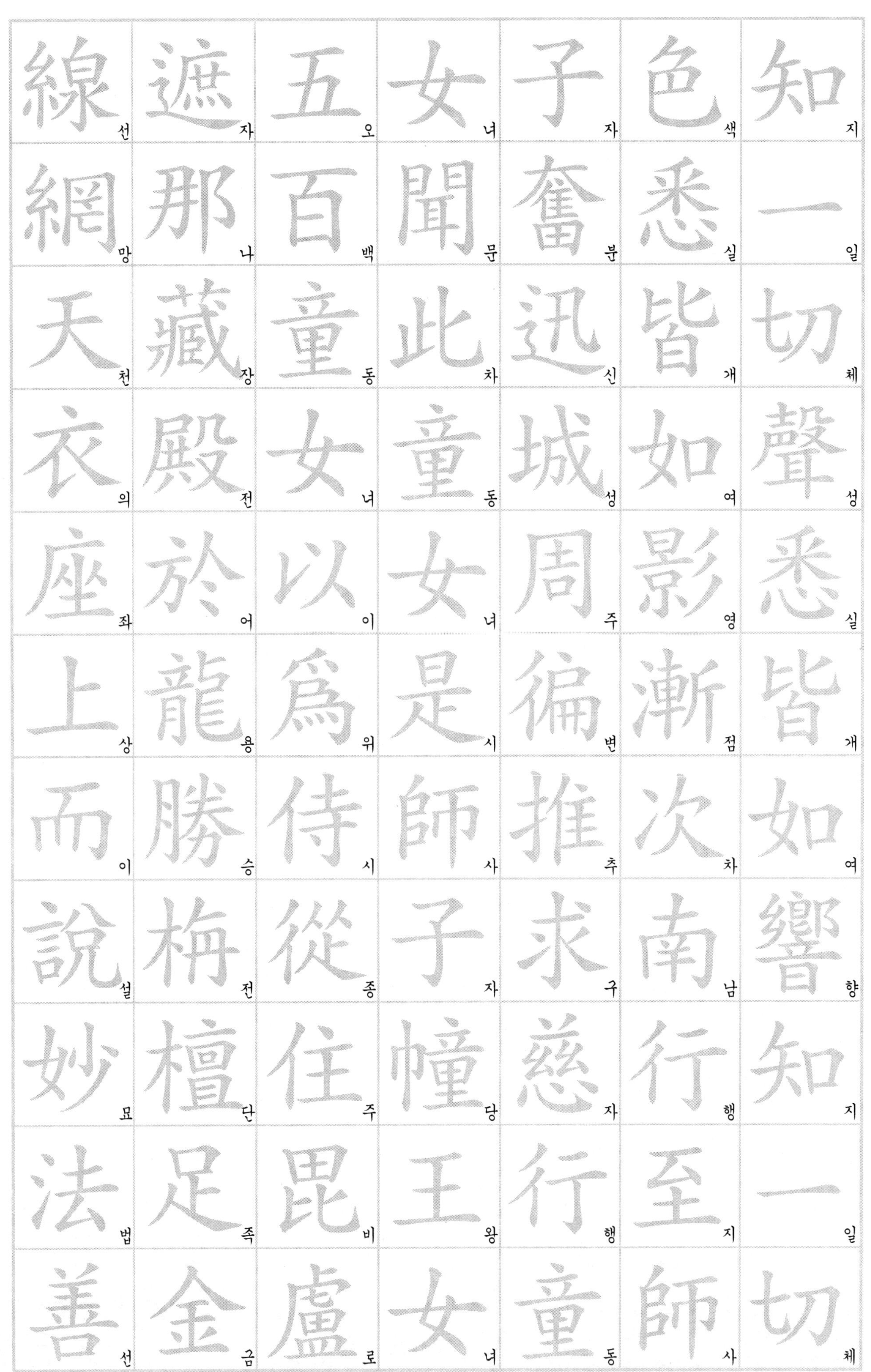
知(지)一(일)切(체)聲(성)悉(실)皆(개)如(여)響(향)知(지)一(일)切(체)
色(색)悉(실)皆(개)如(여)影(영)漸(점)次(차)南(남)行(행)至(지)師(사)
子(자)奮(분)迅(신)城(성)周(주)徧(변)推(추)求(구)慈(자)行(행)童(동)
女(녀)聞(문)此(차)童(동)女(녀)是(시)師(사)子(자)幢(당)王(왕)女(녀)
五(오)百(백)童(동)女(녀)以(이)爲(위)侍(시)從(종)住(주)毘(비)盧(로)
遮(자)那(나)藏(장)殿(전)於(어)龍(용)勝(승)栴(전)檀(단)足(족)金(금)
線(선)網(망)天(천)衣(의)座(좌)上(상)而(이)說(설)妙(묘)法(법)善(선)

사경의 공덕은 십만억 부처님께 공양한 것과 같은 공덕이 있습니다.

財聞已詣王宮門求見彼女
見無量衆來入宮中善財問
言諸人今者何所往詣咸報
之言我等欲詣慈行童女聽
受妙法善財童子卽作是念
此王宮門既無限礙我亦應
入善財入已見毘盧遮那藏

사경의 공덕은 십만억 부처님께 공양한 것과 같은 공덕이 있습니다.

其 기	寶 보	周 주	尼 니	千 천	爲 위	殿 전
上 상	以 이	匝 잡	寶 보	光 광	壁 벽	玻 파
百 백	爲 위	莊 장	而 이	明 명	閻 염	瓈 려
千 천	莊 장	嚴 엄	莊 장	以 이	浮 부	爲 위
金 금	飾 식	以 이	校 교	爲 위	檀 단	地 지
鈴 령	無 무	世 세	之 지	牕 창	金 금	瑠 류
出 출	數 수	間 간	寶 보	牖 유	以 이	璃 리
妙 묘	寶 보	最 최	藏 장	阿 아	爲 위	爲 위
音 음	網 망	上 상	摩 마	僧 승	垣 원	柱 주
聲 성	羅 라	摩 마	尼 니	祇 기	墻 장	金 금
有 유	覆 부	尼 니	鏡 경	摩 마	百 백	剛 강

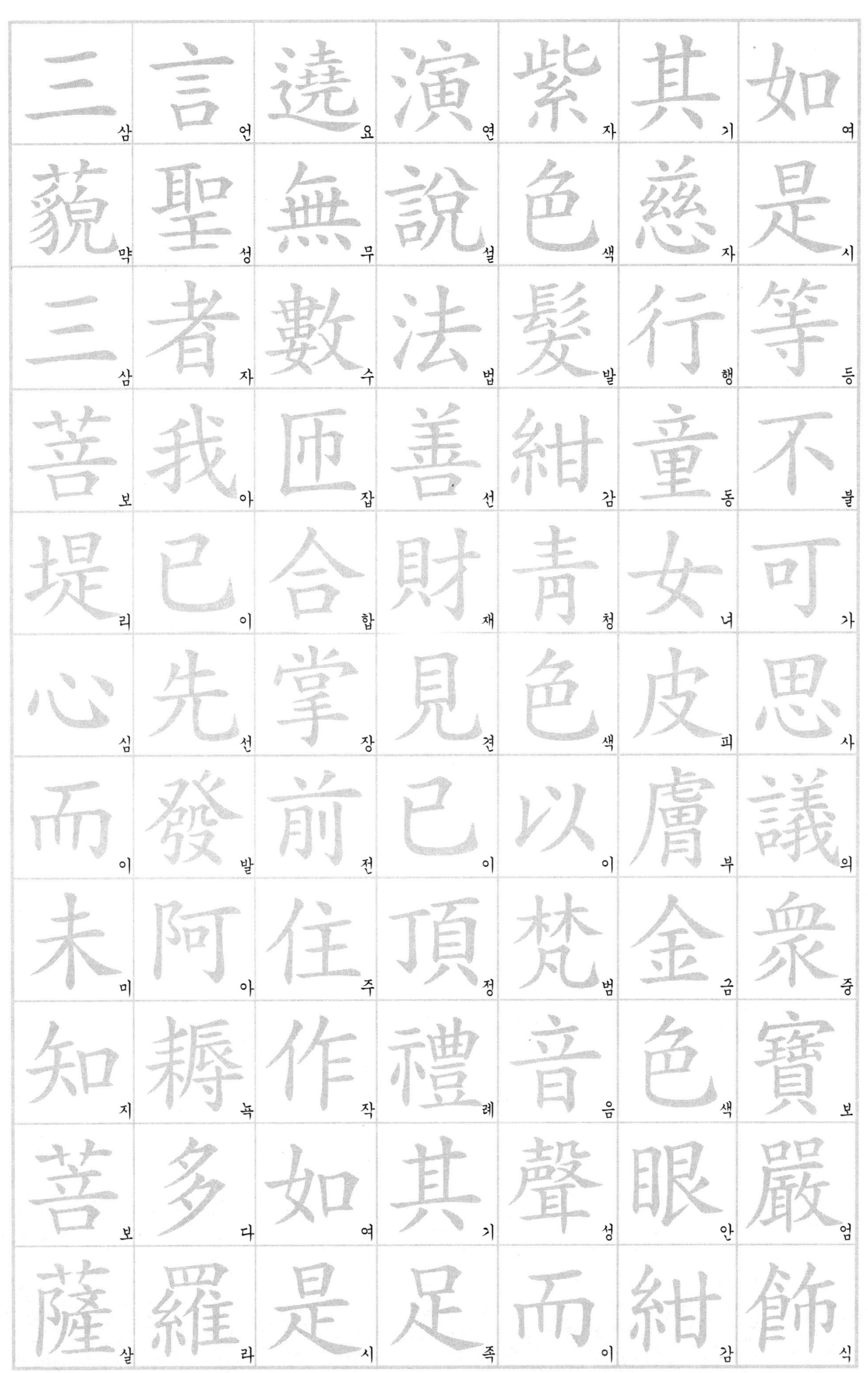

사경의 공덕은 십만억 부처님께 공양한 것과 같은 공덕이 있습니다.

云何學菩薩行云何修菩薩
道我聞聖者善能誘誨願爲
我說時慈行童女告善財言
善男子汝應觀我宮殿莊嚴
善財頂禮周徧觀察見一
一壁中一一柱中一一鏡中
一一相中一一形中一一摩

사경의 공덕은 십만억 부처님께 공양한 것과 같은 공덕이 있습니다.

尼寶中一一莊嚴具中一一一
金鈴中一一寶樹中一一寶
形像中一一寶瓔珞中悉見
法界一切如來從初發心修
菩薩行成滿大願具足功德
成等正覺轉妙法輪乃至示
現入於涅槃如是影像靡不

사경의 공덕은 십만억 부처님께 공양한 것과 같은 공덕이 있습니다.

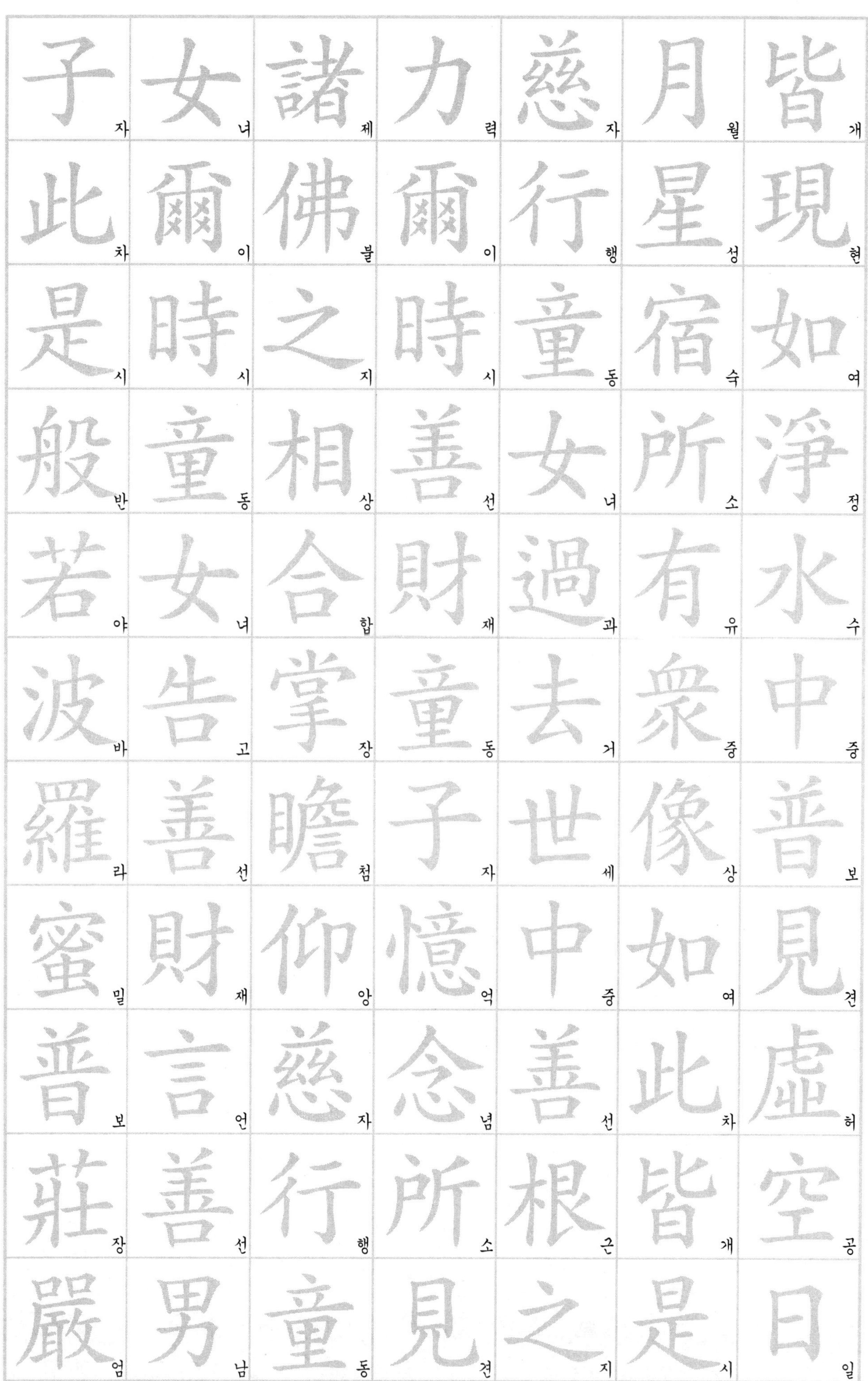
皆現如淨水中普見虛空日
月星宿所有衆像如此皆是
慈行童女過去世中善根之
力爾時善財童子憶念所見
諸佛之相合掌瞻仰慈行童
女爾時童女告善財言善男
子此是般若波羅蜜普莊嚴

門我於三十六恒河沙佛所
문 아 어 삼 십 육 항 하 사 불 소

求得此法彼諸如來各以異
구 득 차 법 피 제 여 래 각 이 이

門令我入此般若波羅蜜普
문 령 아 입 차 반 야 바 라 밀 보

莊嚴門一佛所演餘不重說
장 엄 문 일 불 소 연 여 불 중 설

善財白言聖者此般若波羅
선 재 백 언 성 자 차 반 야 바 라

蜜普莊嚴門境界云何童女
밀 보 장 엄 문 경 계 운 하 동 녀

答言善男子我入此般若波
답 언 선 남 자 아 입 차 반 야 바

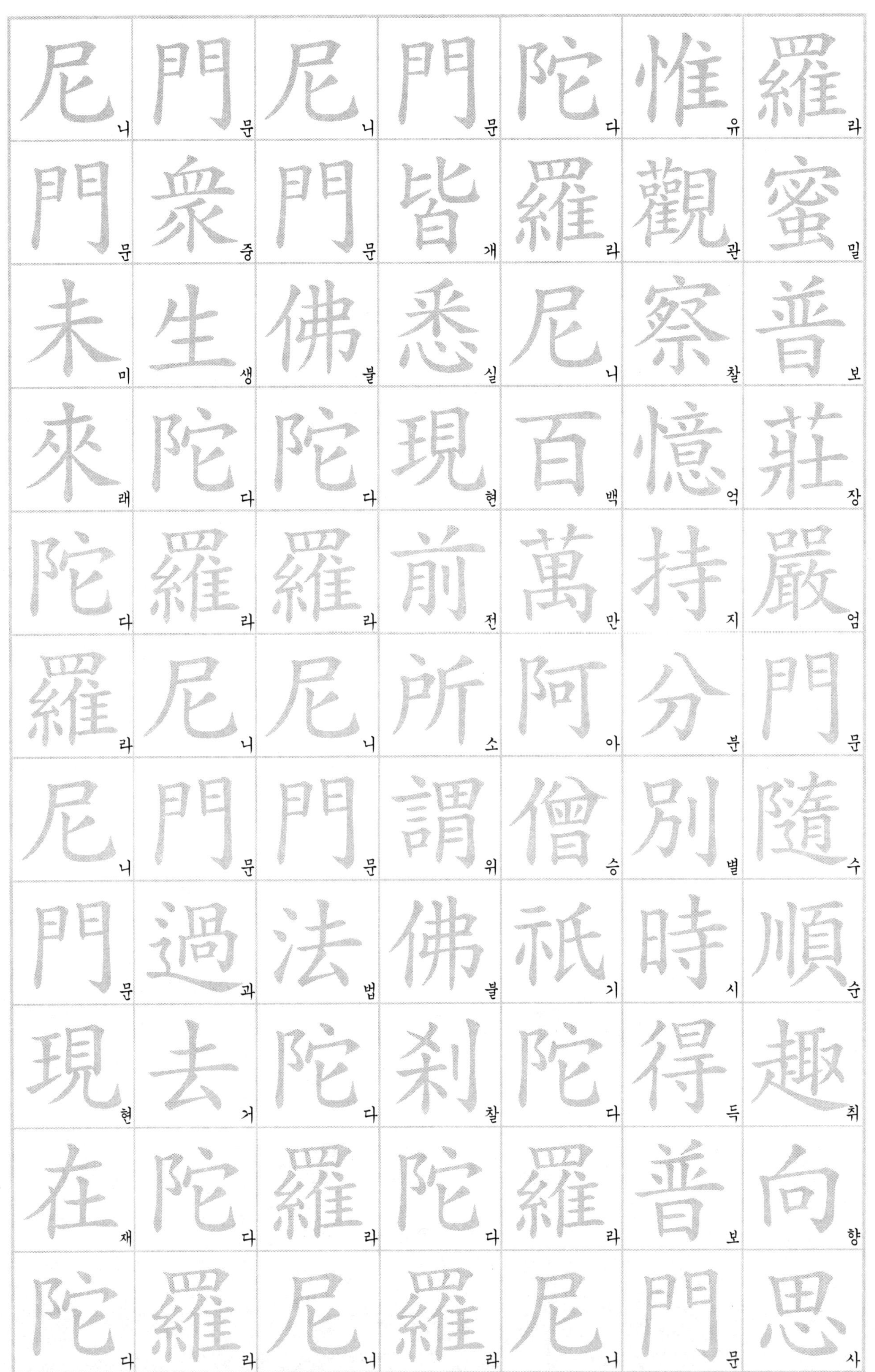
羅蜜普莊嚴門隨順趣向思
惟觀察憶持分別時得普門
陀羅尼百萬阿僧祇陀羅尼
門皆悉現前所謂佛剎陀羅
尼門佛陀羅尼門法陀羅尼
門衆生陀羅尼門過去陀羅
尼門未來陀羅尼門現在陀

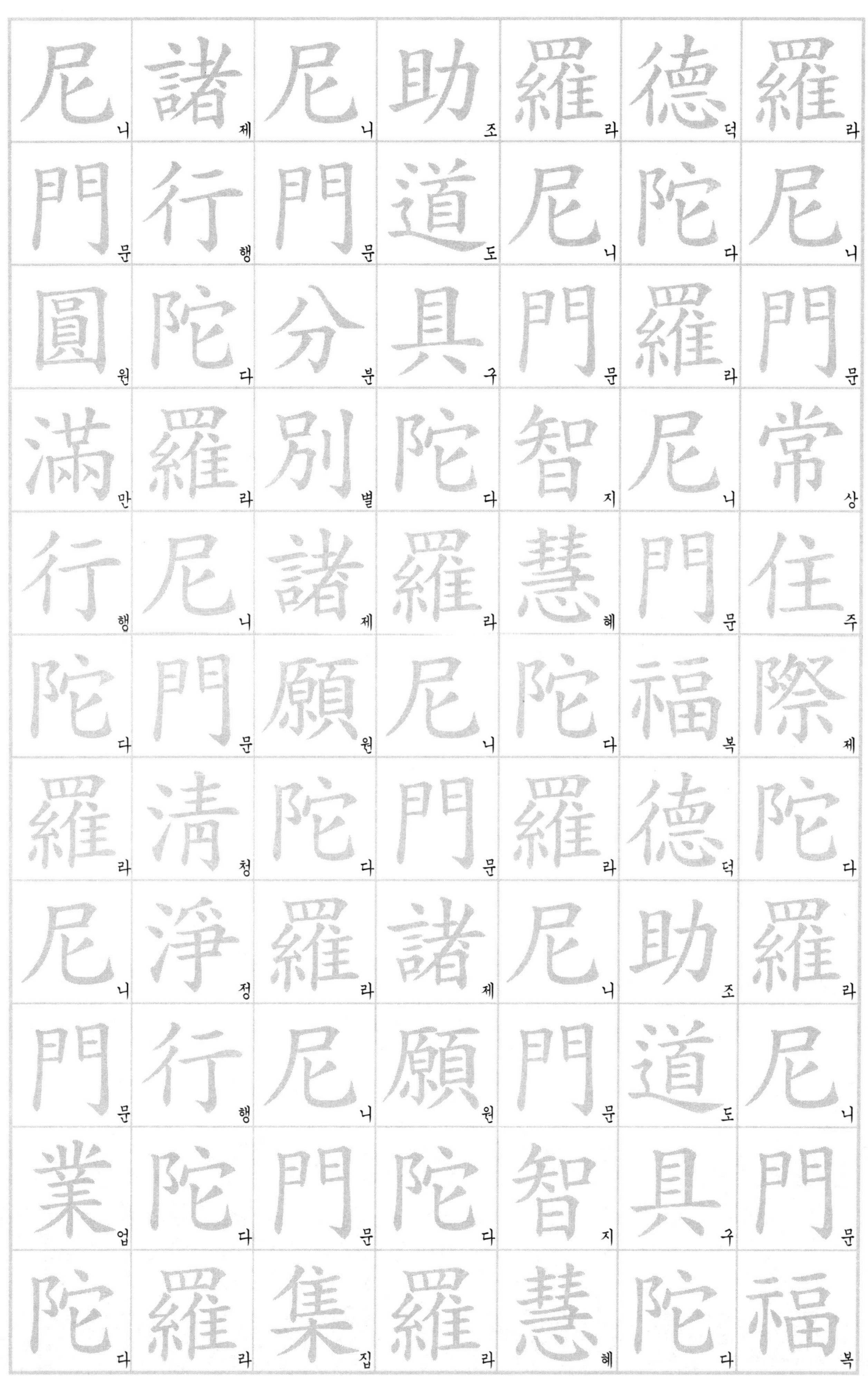

羅尼門常住際陀羅尼門福
라니문상주제다라니문복
德陀羅尼門福德助道具陀
덕다라니문복덕조도구다
羅尼門智慧陀羅尼門智慧
라니문지혜다라니문지혜
助道具陀羅尼門諸願陀羅
조도구다라니문제원다라
尼門分別諸願陀羅尼門集
니문분별제원다라니문집
諸行陀羅尼門淸淨行陀羅
제행다라니문청정행다라
尼門圓滿行陀羅尼門業陀
니문원만행다라니문업다

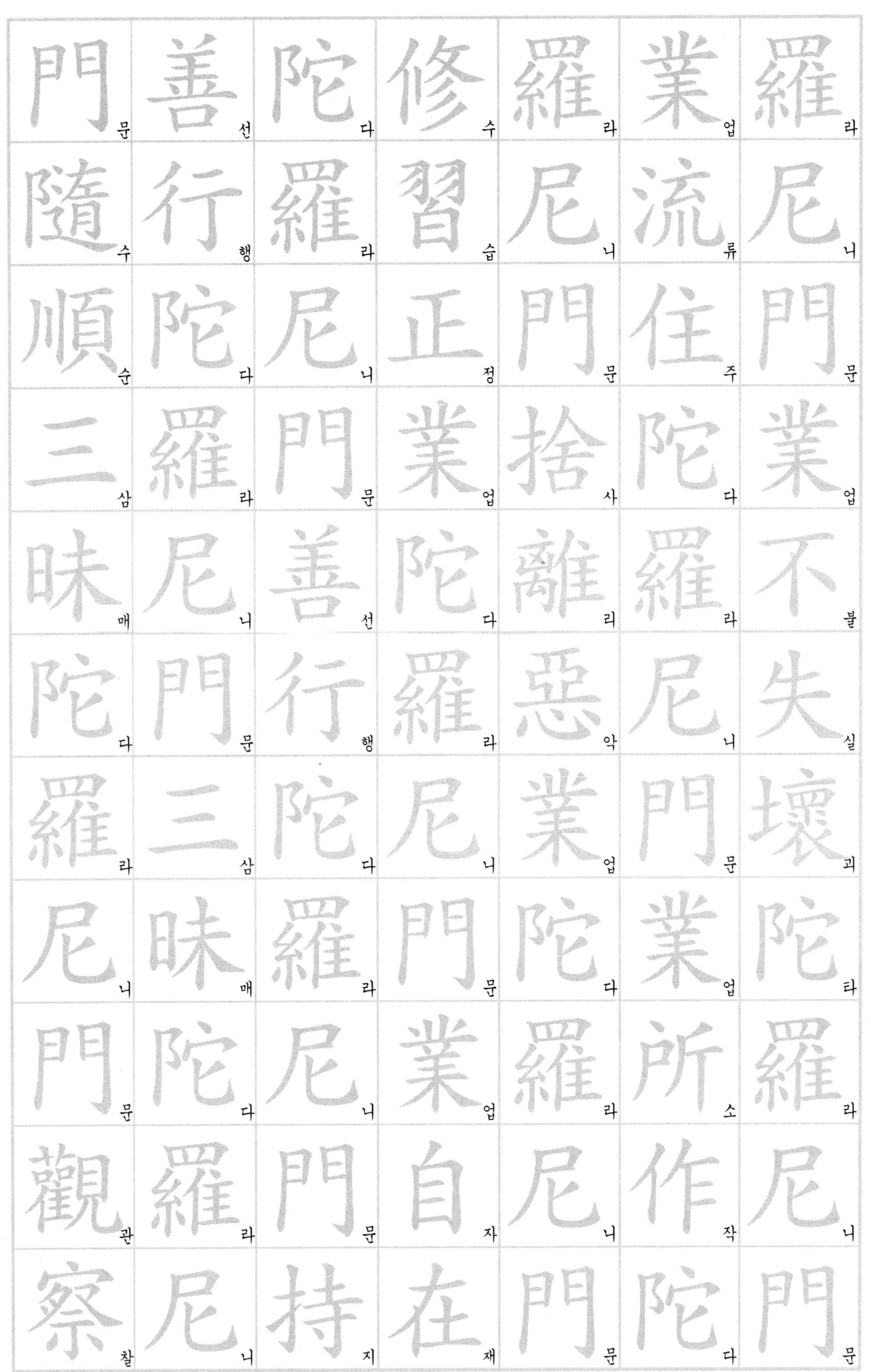
羅尼門業不失壞陀羅尼門
業流住陀羅尼門業所作陀
羅尼門捨離惡業陀羅尼門
修習正業陀羅尼門業自在
陀羅尼門善行陀羅尼門持
善行陀羅尼門三昧陀羅尼
門隨順三昧陀羅尼門觀察

라니문업불실괴타라니문
업류주다라니문업소작다
라니문사리악업다라니문
수습정업다라니문업자재
다라니문선행다라니문지
선행다라니문삼매다라니
문수순삼매다라니문관찰

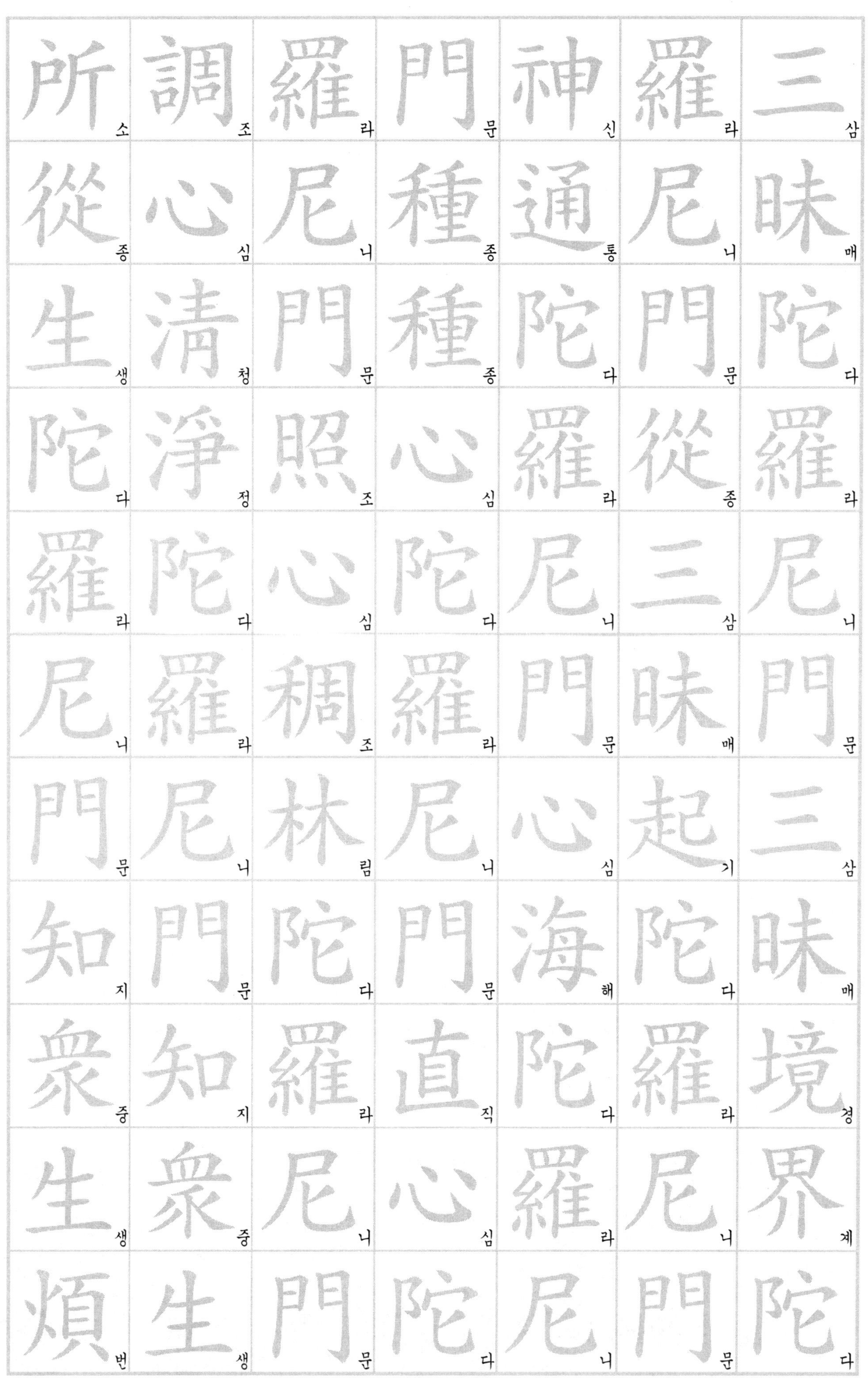
三昧陀羅尼門三昧境界陀羅尼門從三昧起陀羅尼門神通陀羅尼門心海陀羅尼門種種心陀羅尼門直心陀羅尼門照心稠林陀羅尼門調心清淨陀羅尼門知衆生所從生陀羅尼門知衆生煩

사경의 공덕은 십만억 부처님께 공양한 것과 같은 공덕이 있습니다.

知 지	羅 라	不 부	衆 중	尼 니	陀 다	惱 뇌
衆 중	尼 니	同 동	生 생	門 문	羅 라	行 행
生 생	門 문	陀 다	行 행	知 지	尼 니	陀 다
想 상	知 지	羅 라	陀 다	衆 중	門 문	羅 라
陀 다	衆 중	尼 니	羅 라	生 생	知 지	尼 니
羅 라	生 생	門 문	尼 니	解 해	煩 번	門 문
尼 니	欲 욕	知 지	門 문	陀 다	惱 뇌	知 지
門 문	陀 다	衆 중	知 지	羅 라	方 방	煩 번
普 보	羅 라	生 생	衆 중	尼 니	便 편	惱 뇌
見 견	尼 니	性 성	生 생	門 문	陀 다	習 습
十 시	門 문	陀 다	行 행	知 지	羅 라	氣 기

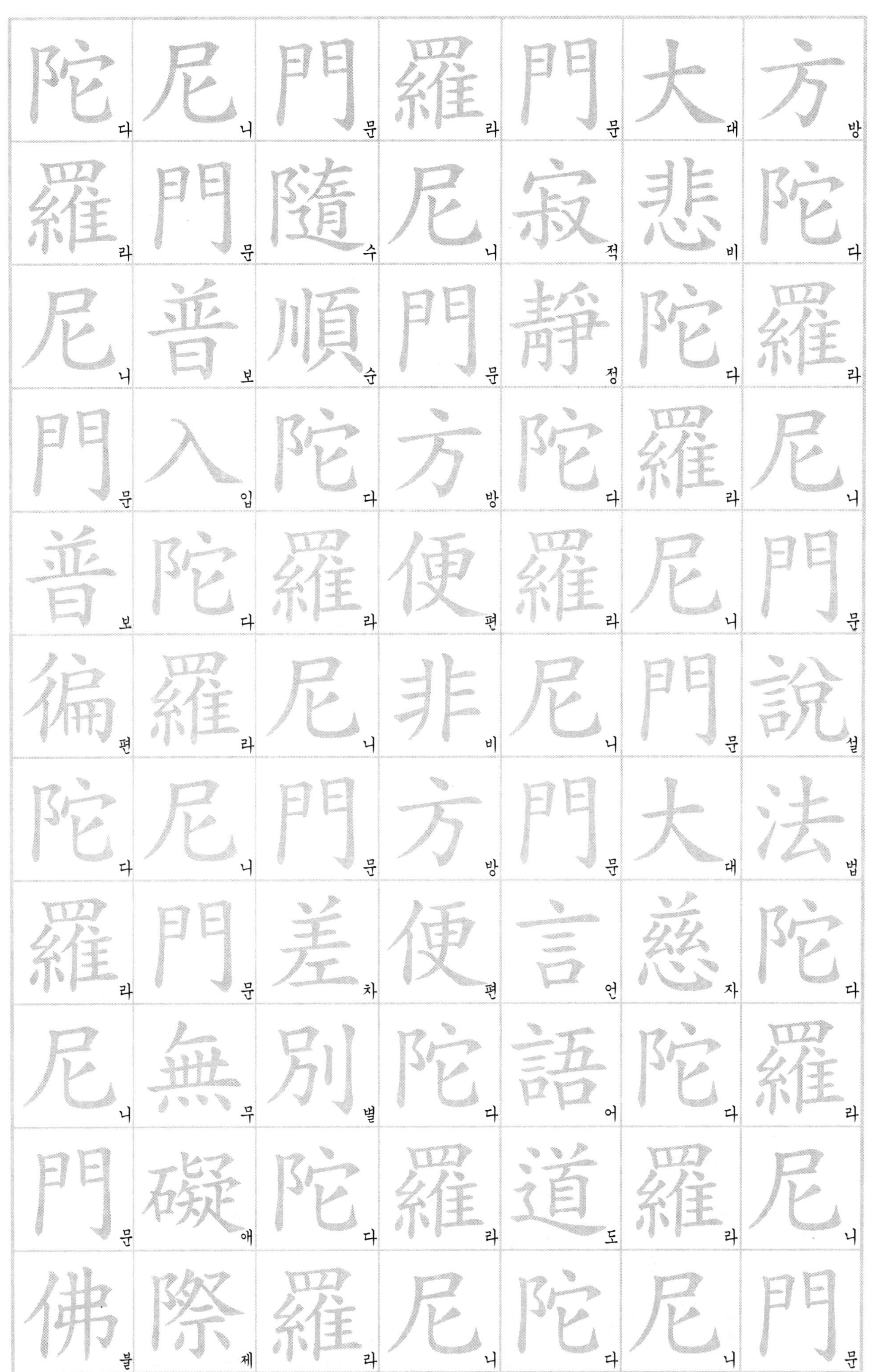

사경의 공덕은 십만억 부처님께 공양한 것과 같은 공덕이 있습니다.

法陀羅尼門菩薩法陀羅尼
법다라니문보살법다라니
門聲聞法陀羅尼門獨覺法
문성문법다라니문독각법
陀羅尼門世間法陀羅尼門
다라니문세간법다라니문
世界成陀羅尼門世界壞陀
세계성다라니문세계괴다
羅尼門世界住陀羅尼門淨
라니문세계주다라니문정
世界陀羅尼門垢世界陀羅
세계다라니문구세계다라
尼門於垢世界現淨陀羅尼
니문어구세계현정다라니

門[문]

於[어]淨[정]世[세]界[계]現[현]垢[구]陀[다]羅[라]尼[니]門[문]

純[순]垢[구]世[세]界[계]陀[다]羅[라]尼[니]門[문]純[순]淨[정]世[세]

界[계]陀[다]羅[라]尼[니]門[문]平[평]坦[탄]世[세]界[계]陀[다]羅[라]

尼[니]門[문]不[불]平[평]坦[탄]世[세]界[계]陀[다]羅[라]尼[니]門[문]

覆[부]世[세]界[계]陀[다]羅[라]尼[니]門[문]因[인]陀[타]羅[라]網[망]

世[세]界[계]陀[다]羅[라]尼[니]門[문]世[세]界[계]轉[전]陀[다]羅[라]

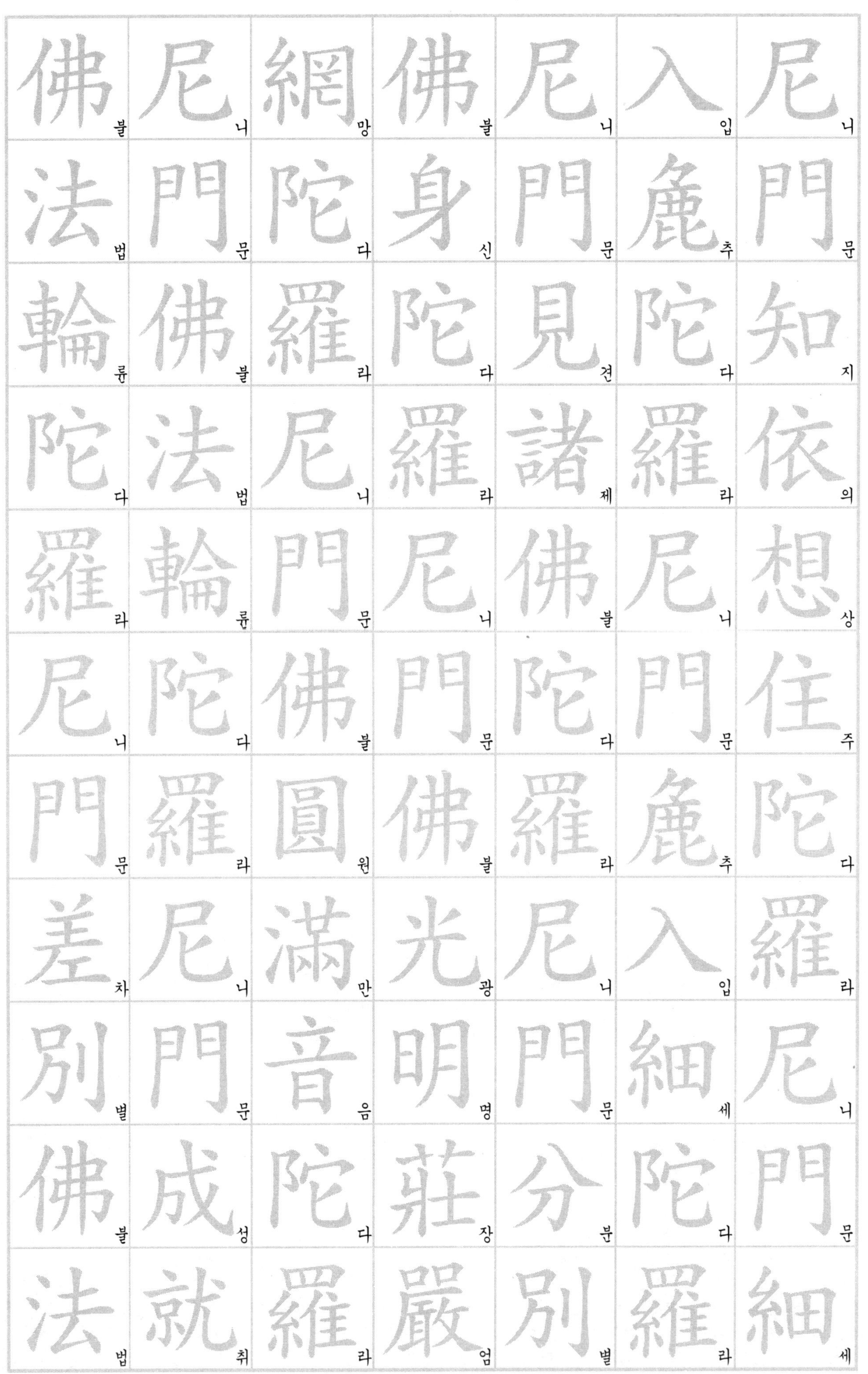
尼門知依想住陀羅尼門細
入菴陀羅尼門菴入細陀羅
尼門見諸佛陀羅尼門分別
佛身陀羅尼門佛光明莊嚴
網陀羅尼門佛圓滿音陀羅
尼門佛法輪陀羅尼門成就
佛法輪陀羅尼門差別佛法

사경의 공덕은 십만억 부처님께 공양한 것과 같은 공덕이 있습니다.

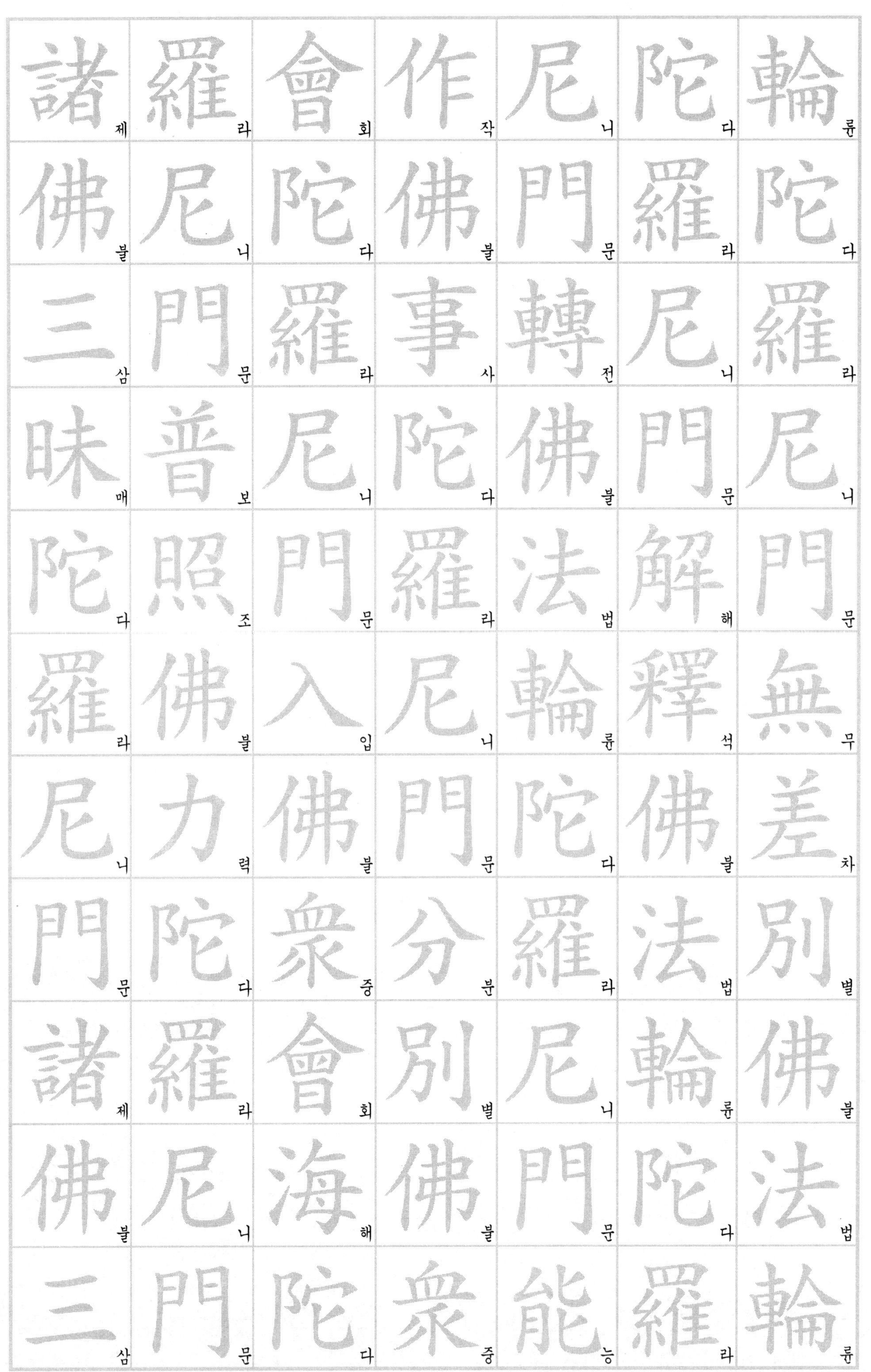

諸 제	羅 라	會 회	作 작	尼 니	陀 다	輪 륜
佛 불	尼 니	陀 다	佛 불	門 문	羅 라	陀 다
三 삼	門 문	羅 라	事 사	轉 전	尼 니	羅 라
昧 매	普 보	尼 니	陀 다	佛 불	門 문	尼 니
陀 다	照 조	門 문	羅 라	法 법	解 해	門 문
羅 라	佛 불	入 입	尼 니	輪 륜	釋 석	無 무
尼 니	力 력	佛 불	門 문	陀 다	佛 불	差 차
門 문	陀 다	衆 중	分 분	羅 라	法 법	別 별
諸 제	羅 라	會 회	別 별	尼 니	輪 륜	佛 불
佛 불	尼 니	海 해	佛 불	門 문	陀 다	法 법
三 삼	門 문	陀 다	衆 중	能 능	羅 라	輪 륜

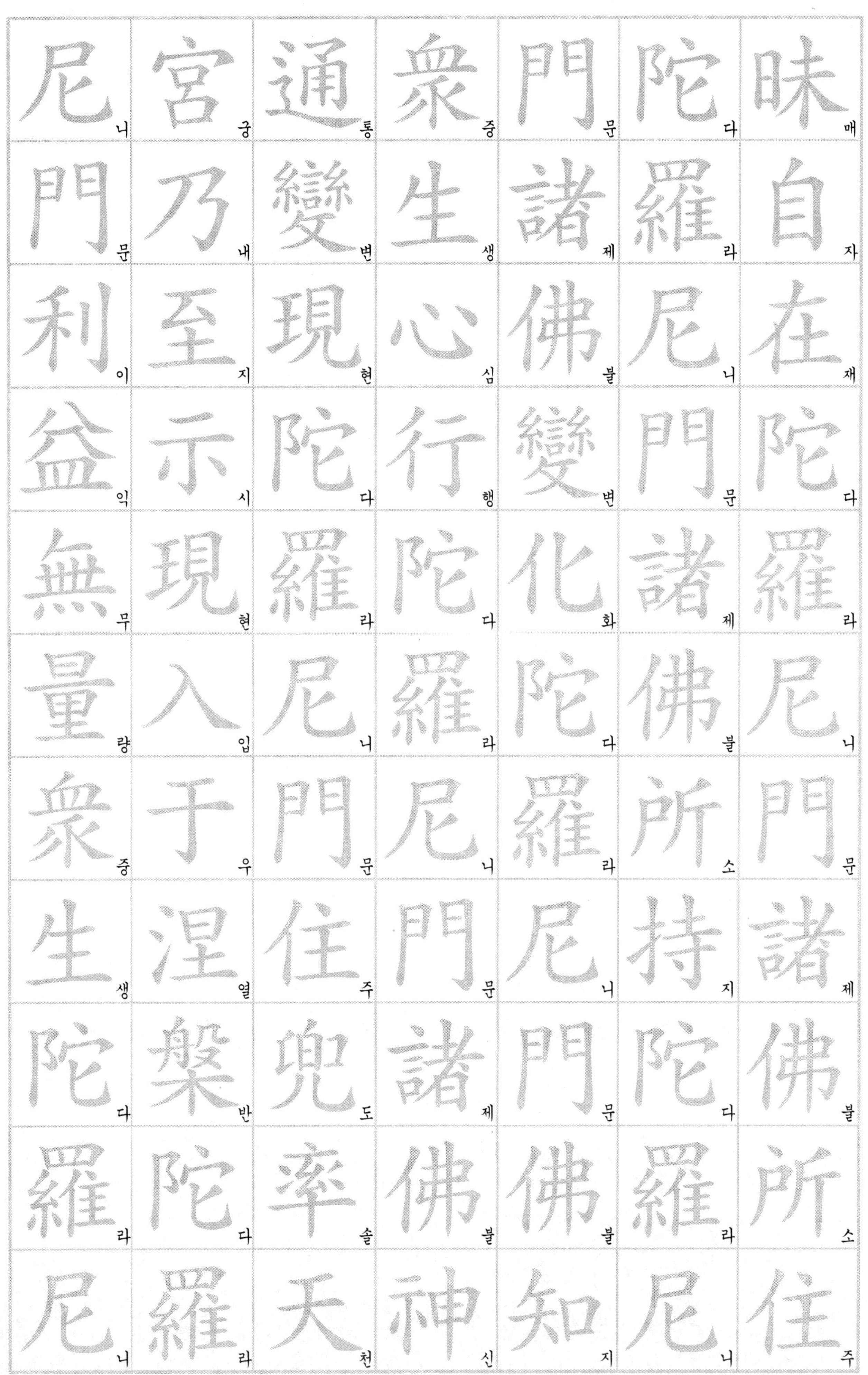
昧自在陀羅尼門諸佛所住
陀羅尼門諸佛所持陀羅尼
門諸佛變化陀羅尼門佛知
衆生心行陀羅尼門諸佛神
通變現陀羅尼門住兜率天
宮乃至示現入于涅槃陀羅
尼門利益無量衆生陀羅尼

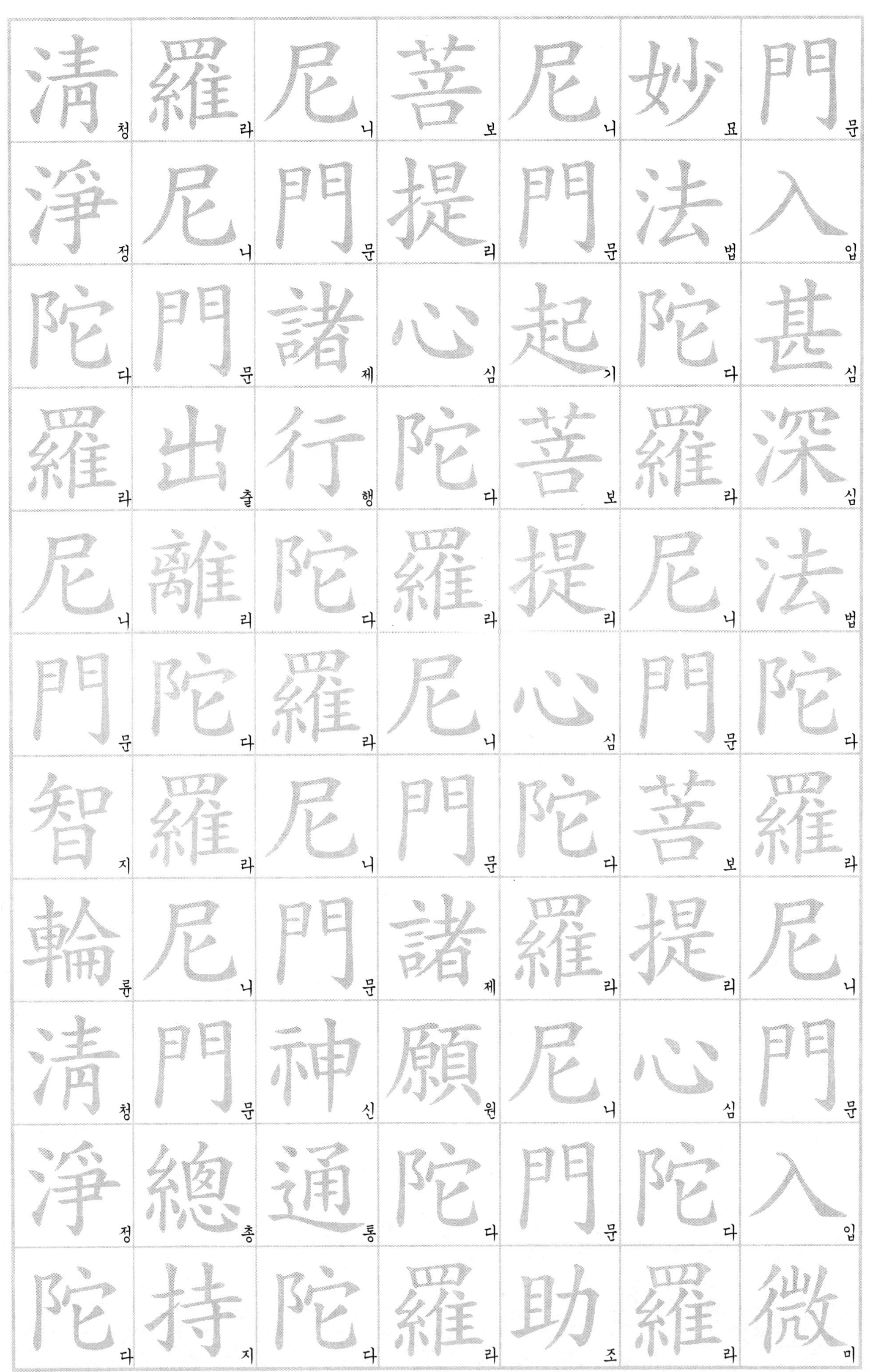
門入甚深法陀羅尼門淸入微
문입심심법다라니문청입미
妙法陀羅尼門菩提心陀羅
묘법다라니문보리심다라
尼門起菩提心陀羅尼門助
니문기보리심다라니문조
菩提心陀羅尼門諸願陀羅
보리심다라니문제원다라
尼門諸行陀羅尼門神通陀
니문제행다라니문신통다
羅尼門出離陀羅尼門總持
라니문출리다라니문총지
淸淨陀羅尼門智輪淸淨陀
청정다라니문지륜청정다

羅尼門智慧清淨陀羅尼門
라니문지혜청정다라니문

菩提無量陀羅尼門自心清
보리무량다라니문자심청

淨陀羅尼門
정다라니문

善男子我唯知此般若波
선남자아유지차반야바

羅蜜普莊嚴門大如諸菩薩摩
라밀보장엄문대여제보살마

訶薩其心廣大等虛空界入
하살기심광대등허공계입

於法界福德成滿住出世法
어법계복덕성만주출세법

사경의 공덕은 십만억 부처님께 공양한 것과 같은 공덕이 있습니다.

遠世間行智眼無翳普觀法
원세간행지안무예보관법

界慧心廣大猶如虛空一切
계혜심광대유여허공일체

境界悉皆明見獲無礙地大
경계실개명견획무애지대

光明藏善能分別一切法義
광명장선능분별일체법의

行於世行不染世法能益於
행어세행불염세법능익어

世非世所壞普作一切世間
세비세소괴보작일체세간

依止普知一切衆生心行隨
의지보지일체중생심행수

사경의 공덕은 십만억 부처님께 공양한 것과 같은 공덕이 있습니다.

數수 匝잡 戀연 慕모 瞻첨 仰앙 辭사 退퇴 而이 行행

爾이 時시 善선 財재 童동 子자 思사 惟유 菩보 薩살

所소 住주 行행 甚심 深심 思사 惟유 菩보 薩살 所소 證증

法법 甚심 深심 思사 惟유 菩보 薩살 所소 入입 處처 甚심

深심 思사 惟유 衆중 生생 微미 細세 智지 甚심 深심 思사

惟유 世세 間간 依의 想상 住주 甚심 深심 思사 惟유 衆중

生생 所소 作작 行행 甚심 深심 思사 惟유 衆중 生생 心심

落 락	次 차	深 심	法 법	惟 유	甚 심	流 류
村 촌	遊 유	思 사	界 계	衆 중	深 심	注 주
隣 린	行 행	惟 유	甚 심	生 생	思 사	甚 심
市 시	至 지	業 업	深 심	言 언	惟 유	深 심
肆 사	三 삼	莊 장	思 사	說 설	衆 중	思 사
川 천	眼 안	飾 식	惟 유	甚 심	生 생	惟 유
原 원	國 국	世 세	種 종	深 심	名 명	衆 중
山 산	於 어	間 간	種 종	思 사	號 호	生 생
谷 곡	城 성	甚 심	業 업	惟 유	甚 심	如 여
一 일	邑 읍	深 심	行 행	莊 장	深 심	光 광
切 체	聚 취	漸 점	甚 심	嚴 엄	思 사	影 영

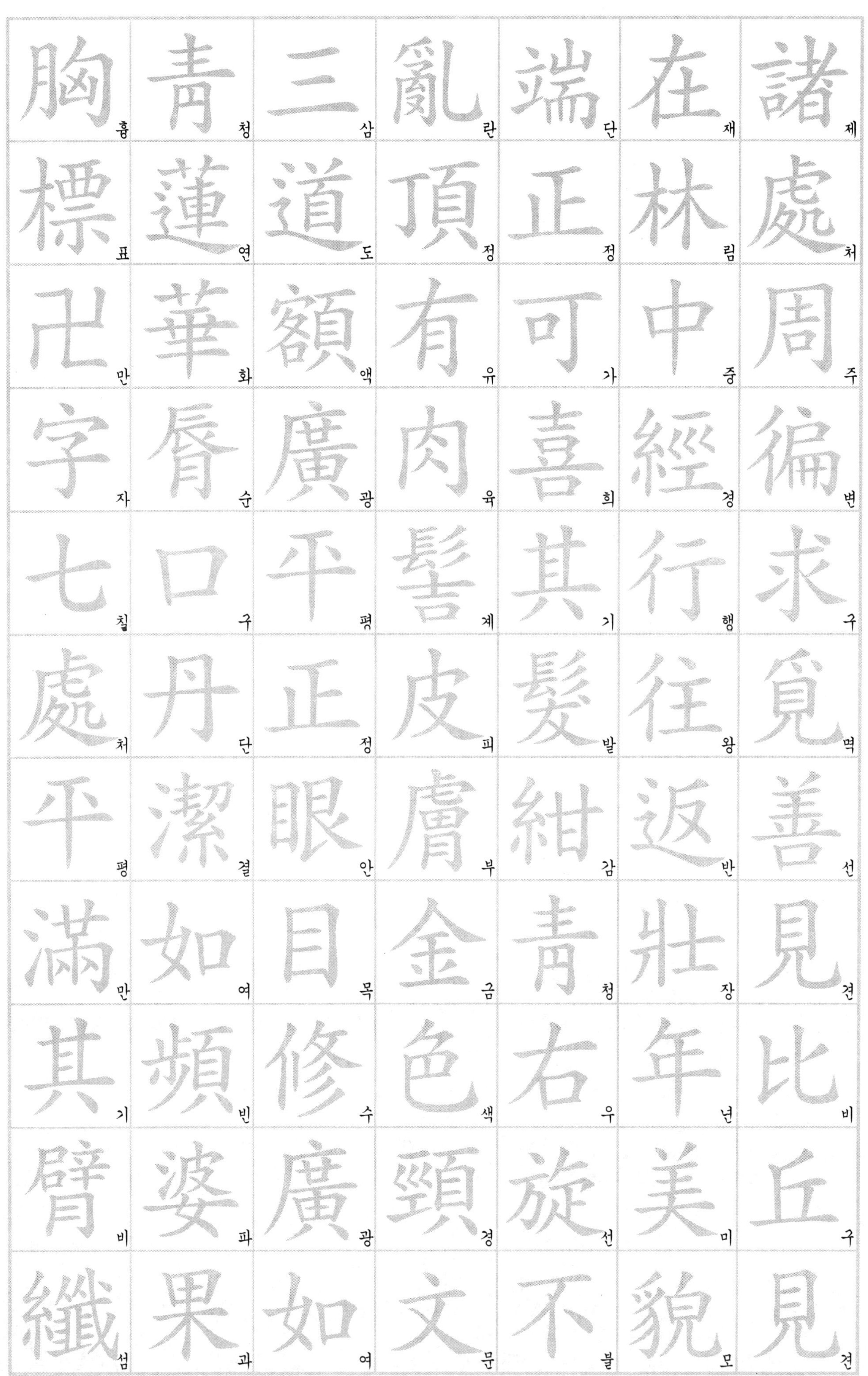

胸 흉	青 청	三 삼	亂 란	端 단	在 재	諸 제
標 표	蓮 연	道 도	頂 정	正 정	林 림	處 처
卍 만	華 화	額 액	有 유	可 가	中 중	周 주
字 자	脣 순	廣 광	肉 육	喜 희	經 경	徧 변
七 칠	口 구	平 평	髻 계	其 기	行 행	求 구
處 처	丹 단	正 정	皮 피	髮 발	往 왕	覓 멱
平 평	潔 결	眼 안	膚 부	紺 감	返 반	善 선
滿 만	如 여	目 목	金 금	青 청	壯 장	見 견
其 기	頻 빈	修 수	色 색	右 우	年 년	比 비
臂 비	婆 파	廣 광	頸 경	旋 선	美 미	丘 구
纖 섬	果 과	如 여	文 문	不 불	貌 모	見 견

心 심	慧 혜	嚴 엄	好 호	下 하	剛 강	長 장
無 무	廣 광	飾 식	悉 실	端 단	輪 륜	其 기
所 소	博 박	目 목	皆 개	直 직	其 기	指 지
動 동	猶 유	視 시	圓 원	如 여	身 신	網 망
若 약	如 여	不 불	滿 만	尼 니	殊 수	縵 만
沈 침	大 대	瞬 순	如 여	拘 구	妙 묘	手 수
若 약	海 해	圓 원	雪 설	陀 타	如 여	足 족
擧 거	於 어	光 광	山 산	樹 수	淨 정	掌 장
若 약	諸 제	一 일	王 왕	諸 제	居 거	中 중
智 지	境 경	尋 심	種 종	相 상	天 천	有 유
非 비	界 계	智 지	種 종	隨 수	上 상	金 금

사경의 공덕은 십만억 부처님께 공양한 것과 같은 공덕이 있습니다.

叉 차	不 불	眼 안	一 일	切 체	所 소	智 지
乾 건	速 속	爲 위	切 체	衆 중	行 행	動 동
闥 달	審 심	踐 천	衆 중	生 생	平 평	轉 전
婆 바	諦 제	如 여	生 생	心 심	等 등	戲 희
阿 아	經 경	來 래	爲 위	無 무	境 경	論 론
脩 수	行 행	所 소	欲 욕	暫 잠	界 계	一 일
羅 라	無 무	行 행	開 개	捨 사	大 대	切 체
迦 가	量 량	之 지	示 시	爲 위	悲 비	皆 개
樓 루	天 천	道 도	如 여	欲 욕	敎 교	息 식
羅 라	龍 룡	不 부	來 래	利 이	化 화	得 득
緊 긴	夜 야	遲 지	法 법	樂 악	一 일	佛 불

那(나)羅(라)摩(마)睺(후)羅(라)伽(가)釋(석)梵(범)護(호)世(세)人(인)

與(여)非(비)人(인)前(전)後(후)圍(위)遶(요)主(주)方(방)之(지)神(신)

隨(수)方(방)迴(회)轉(전)引(인)導(도)其(기)前(전)足(족)行(행)諸(제)

神(신)持(지)寶(보)蓮(연)華(화)以(이)承(승)其(기)足(족)無(무)盡(진)

光(광)神(신)舒(서)光(광)破(파)暗(암)閻(염)浮(부)幢(당)林(림)神(신)

雨(우)衆(중)雜(잡)華(화)不(부)動(동)藏(장)地(지)神(신)現(현)諸(제)

寶(보)藏(장)普(보)光(광)明(명)虛(허)空(공)神(신)莊(장)嚴(엄)虛(허)

사경의 공덕은 십만억 부처님께 공양한 것과 같은 공덕이 있습니다.

사경의 공덕은 십만억 부처님께 공양한 것과 같은 공덕이 있습니다.

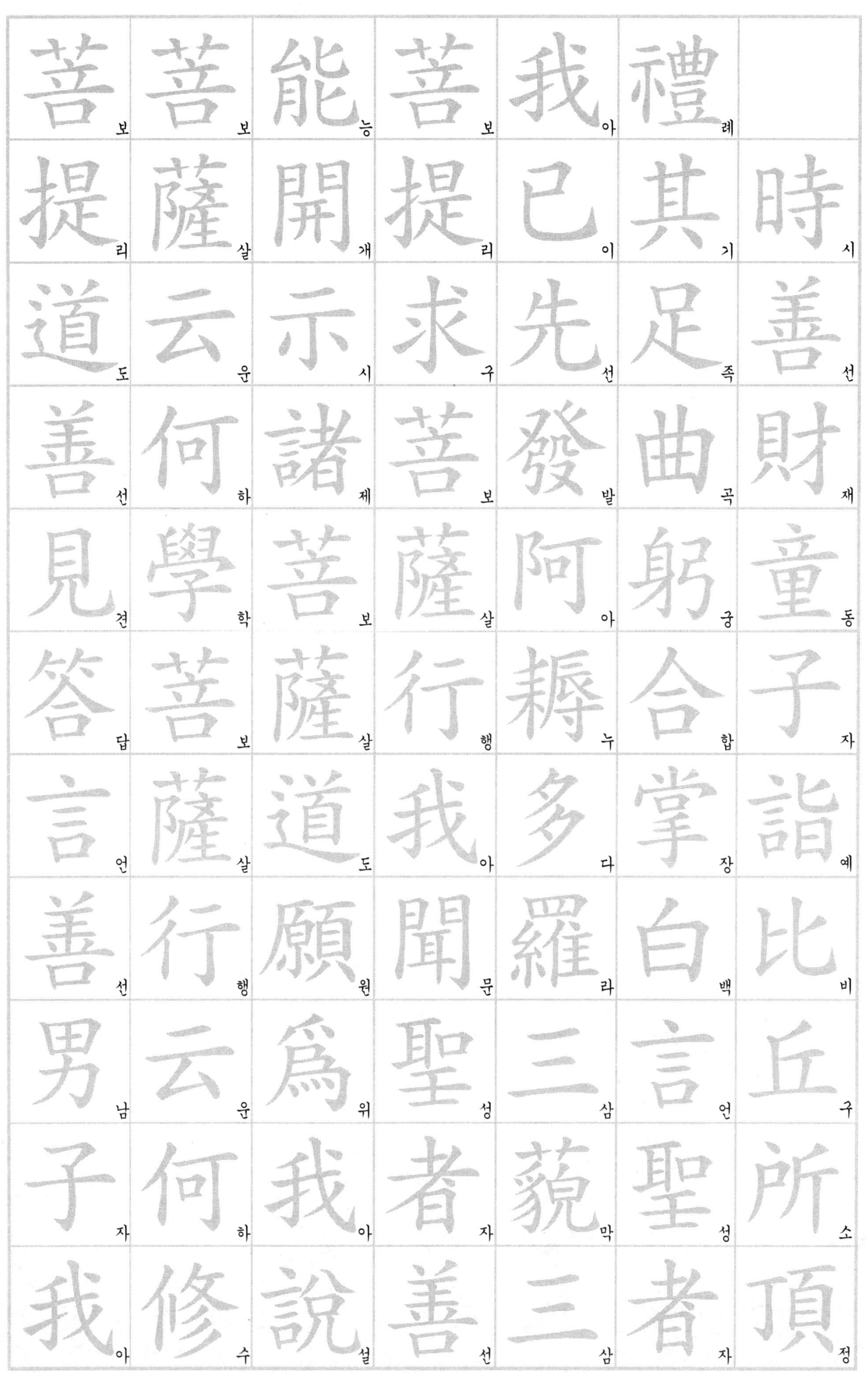

사경의 공덕은 십만억 부처님께 공양한 것과 같은 공덕이 있습니다.

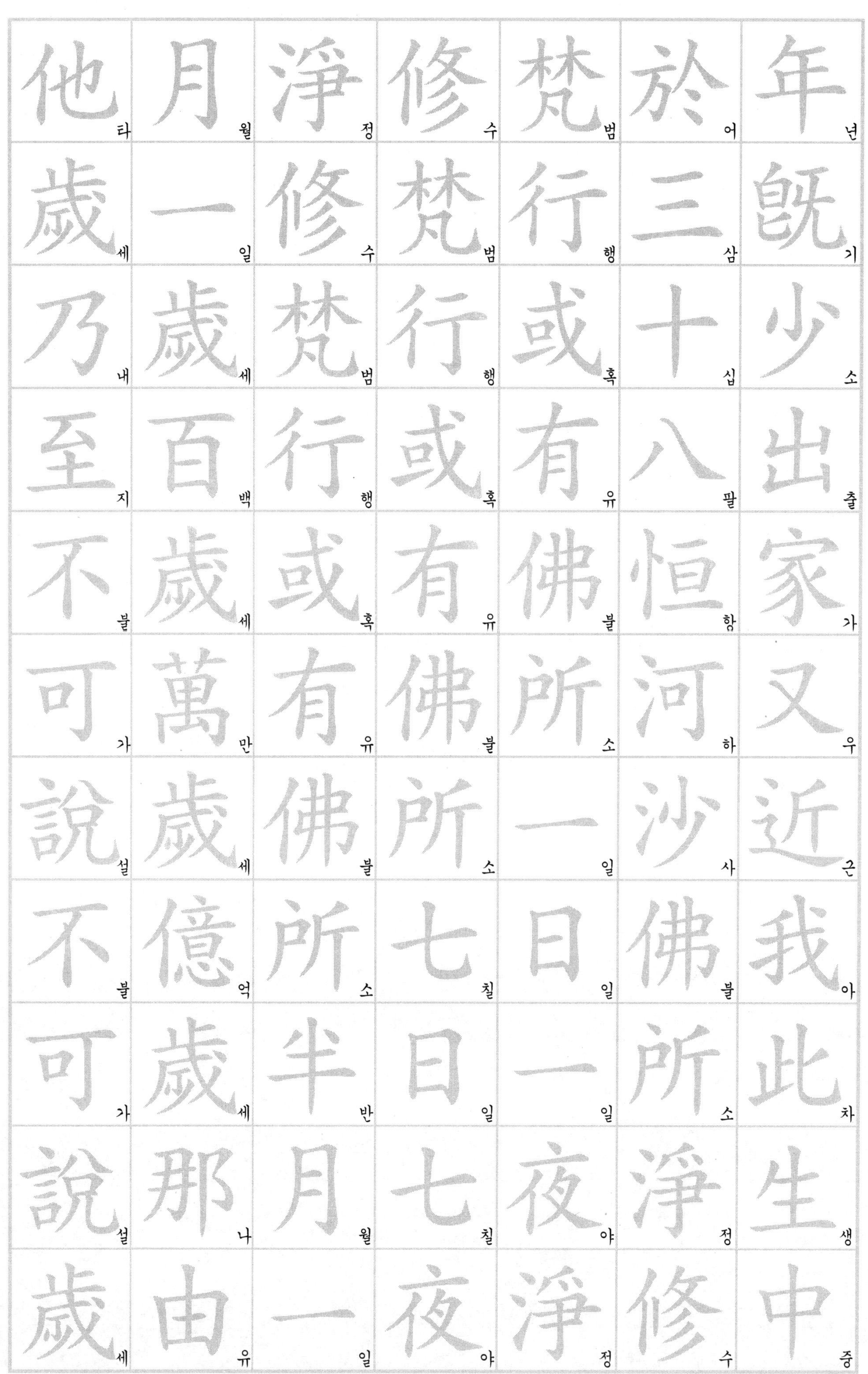
年既少出家又近我此生中
년기소출가우근아차생중
於三十八恒河沙佛所淨修
어삼십팔항하사불소정수
梵行或有佛所一日一夜淨
범행혹유불소일일일야정
修梵行或有佛所七日七夜
수범행혹유불소칠일칠야
淨修梵行或有佛所半月一
정수범행혹유불소반월일
月一歲百歲萬歲億歲那由
월일세백세만세억세나유
他歲乃至不可說不可說歲
타세내지불가설불가설세

사경의 공덕은 십만억 부처님께 공양한 것과 같은 공덕이 있습니다.

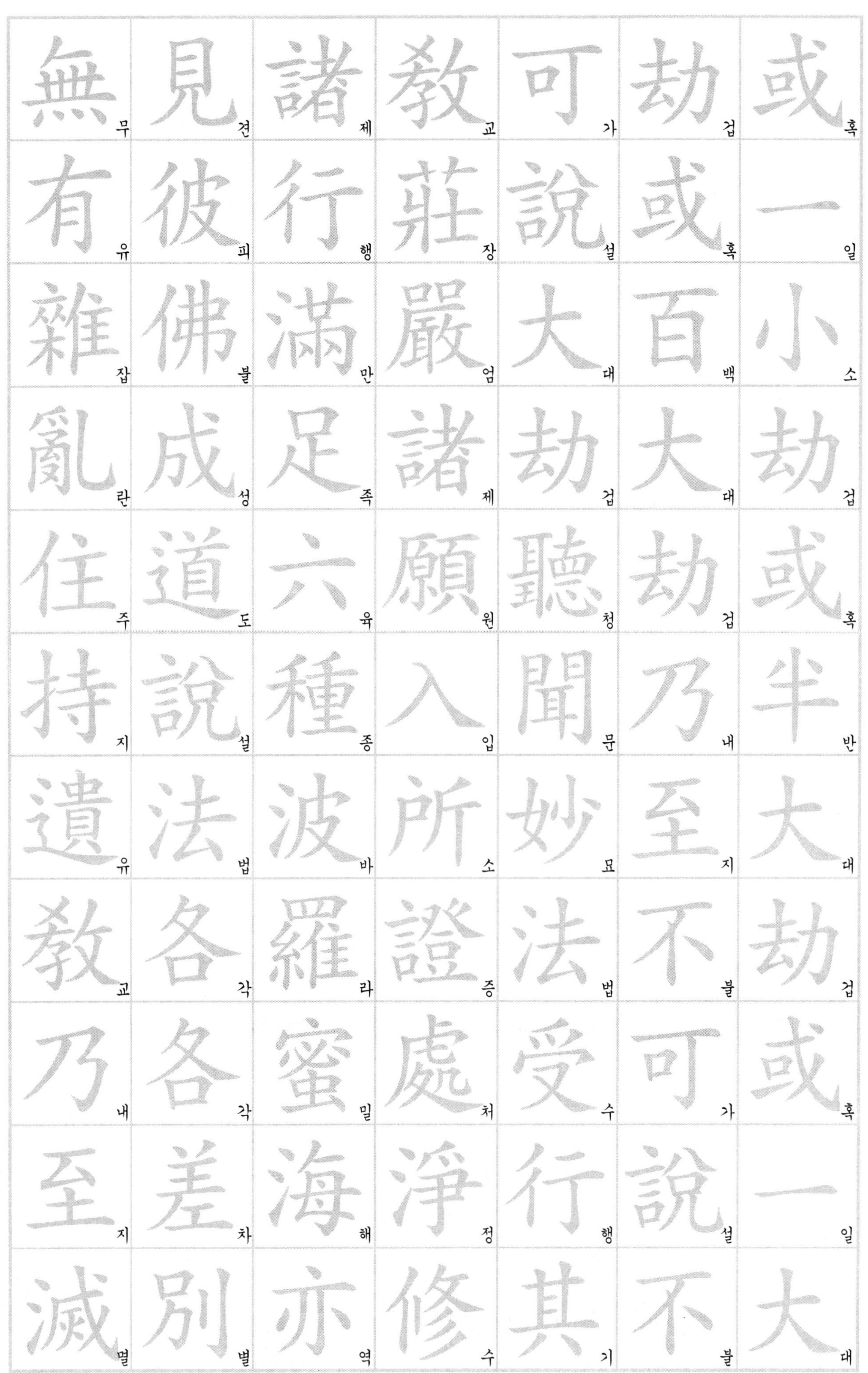

或一小劫或半大劫或一大
혹일소겁혹반대겁혹일대

劫或百大劫乃至不可說不
겁혹백대겁내지불가설불

可說大劫聽聞妙法受行其
가설대겁청문묘법수행기

教莊嚴諸願入所證處淨修
교장엄제원입소증처정수

諸行滿足六種波羅蜜海亦
제행만족육종바라밀해역

見彼佛成道說法各各差別
견피불성도설법각각차별

無有雜亂住持遺教乃至滅
무유잡란주지유교내지멸

사경의 공덕은 십만억 부처님께 공양한 것과 같은 공덕이 있습니다.

故 고	別 별	念 념	皆 개	一 일	經 경	一 일
一 일	行 행	中 중	悉 실	念 념	過 과	念 념
念 념	皆 개	不 불	現 현	中 중	不 불	中 중
中 중	悉 실	可 가	前 전	不 불	可 가	一 일
不 불	現 현	說 설	成 성	可 가	說 설	切 체
可 가	前 전	不 불	就 취	說 설	不 불	世 세
說 설	滿 만	可 가	大 대	不 불	可 가	界 계
不 불	足 족	說 설	願 원	可 가	說 설	皆 개
可 가	十 십	衆 중	力 력	說 설	世 세	悉 실
說 설	力 력	生 생	故 고	佛 불	界 계	現 현
諸 제	智 지	差 차	一 일	刹 찰	故 고	前 전

佛(불)清(청)淨(정)身(신)皆(개)悉(실)現(현)前(전)成(성)就(취)普(보)
賢(현)行(행)願(원)力(력)故(고)一(일)念(념)中(중)恭(공)敬(경)供(공)
養(양)不(불)可(가)說(설)不(불)可(가)說(설)佛(불)剎(찰)微(미)塵(진)
數(수)如(여)來(래)成(성)就(취)柔(유)軟(연)心(심)供(공)養(양)如(여)
來(래)願(원)力(력)故(고)一(일)念(념)中(중)領(영)受(수)不(불)可(가)
說(설)不(불)可(가)說(설)如(여)來(래)法(법)得(득)證(증)阿(아)僧(승)
祇(기)差(차)別(별)法(법)住(주)持(지)法(법)輪(륜)陀(다)羅(라)尼(니)

사경의 공덕은 십만억 부처님께 공양한 것과 같은 공덕이 있습니다.

願 원	門 문	昧 매	一 일	一 일	菩 보	力 력
力 력	入 입	海 해	念 념	切 체	薩 살	故 고
故 고	一 일	皆 개	中 중	行 행	行 행	一 일
一 일	切 체	悉 실	不 불	如 여	海 해	念 념
念 념	三 삼	現 현	可 가	因 인	皆 개	中 중
中 중	昧 매	前 전	說 설	陀 다	悉 실	不 불
不 불	門 문	得 득	不 불	羅 라	現 현	可 가
可 가	皆 개	於 어	可 가	網 망	前 전	說 설
說 설	令 령	一 일	說 설	願 원	得 득	不 불
不 불	清 청	三 삼	諸 제	力 력	能 능	可 가
可 가	淨 정	昧 매	三 삼	故 고	淨 정	說 설

사경의 공덕은 십만억 부처님께 공양한 것과 같은 공덕이 있습니다.

皆悉現前得了知一切世界
개실현전득요지일체세계

中一切三世分位智光明願
중일체삼세분위지광명원

力故善男子我唯知此菩薩
력고선남자아유지차보살

隨順燈解脫門如諸菩薩摩
수순등해탈문여제보살마

訶薩如金剛燈於如來家眞
하살여금강등어여래가진

正受生具足成就不死命根
정수생구족성취불사명근

常然智燈無有盡滅其身堅
상연지등무유진멸기신견

사경의 공덕은 십만억 부처님께 공양한 것과 같은 공덕이 있습니다.

固不可沮壞現於如幻色相
之身如緣起法無量差別隨
衆生心各各示現形貌色相
世無倫匹毒刃火災所不能
害如金剛山無能壞者降伏
一切諸魔外道其身妙好如
眞金山於天人中最爲殊特

사경의 공덕은 십만억 부처님께 공양한 것과 같은 공덕이 있습니다.

名명 稱칭 廣광 大대 靡미 不불 聞문 知지 觀관 諸제 世세
間간 咸함 對대 目목 前전 演연 深심 法법 藏장 如여 海해
無무 盡진 放방 大대 光광 明명 普보 照조 十십 方방 若약
有유 見견 者자 必필 破파 一일 切체 障장 礙애 大대 山산
必필 拔발 一일 切체 不불 善선 根근 本본 必필 令령 種종
植식 廣광 大대 善선 根근 如여 是시 之지 人인 難난 可가
得득 見견 難난 可가 出출 世세 而이 我아 云운 何하 能능

知能說彼功德行善男子於
지능설피공덕행선남자어

此南方有一國土名曰名聞
차남방유일국토명왈명문

於河渚中有一童子名自在
어하저중유일동자명자재

主汝詣彼問菩薩云何學菩
주여예피문보살운하학보

薩行修菩薩道時善財童子
살행수보살도시선재동자

爲欲究竟菩薩勇猛淸淨之
위욕구경보살용맹청정지

行欲得菩薩大力光明欲修
행욕득보살대력광명욕수

菩(보)薩(살)無(무)勝(승)無(무)盡(진)諸(제)功(공)德(덕)行(행)欲(욕)
滿(만)菩(보)薩(살)堅(견)固(고)大(대)願(원)欲(욕)成(성)菩(보)薩(살)
廣(광)大(대)深(심)心(심)欲(욕)持(지)菩(보)薩(살)無(무)量(량)勝(승)
行(행)於(어)菩(보)薩(살)法(법)心(심)無(무)厭(염)足(족)願(원)入(입)
一(일)切(체)菩(보)薩(살)功(공)德(덕)欲(욕)常(상)攝(섭)御(어)一(일)
切(체)衆(중)生(생)欲(욕)超(초)生(생)死(사)稠(주)林(림)曠(광)野(야)
於(어)善(선)知(지)識(식)常(상)樂(락)見(견)聞(문)承(승)事(사)供(공)

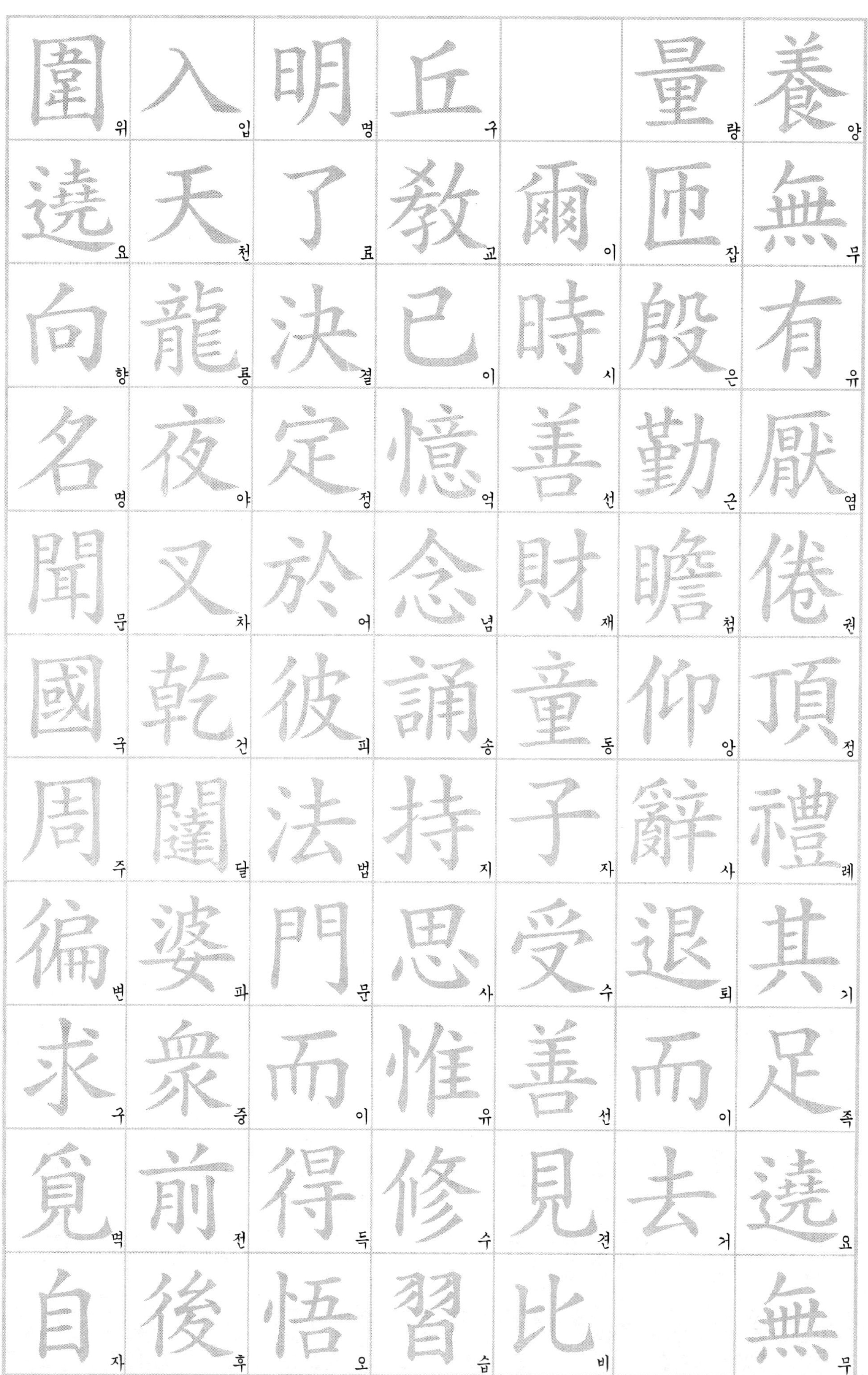

사경의 공덕은 십만억 부처님께 공양한 것과 같은 공덕이 있습니다.

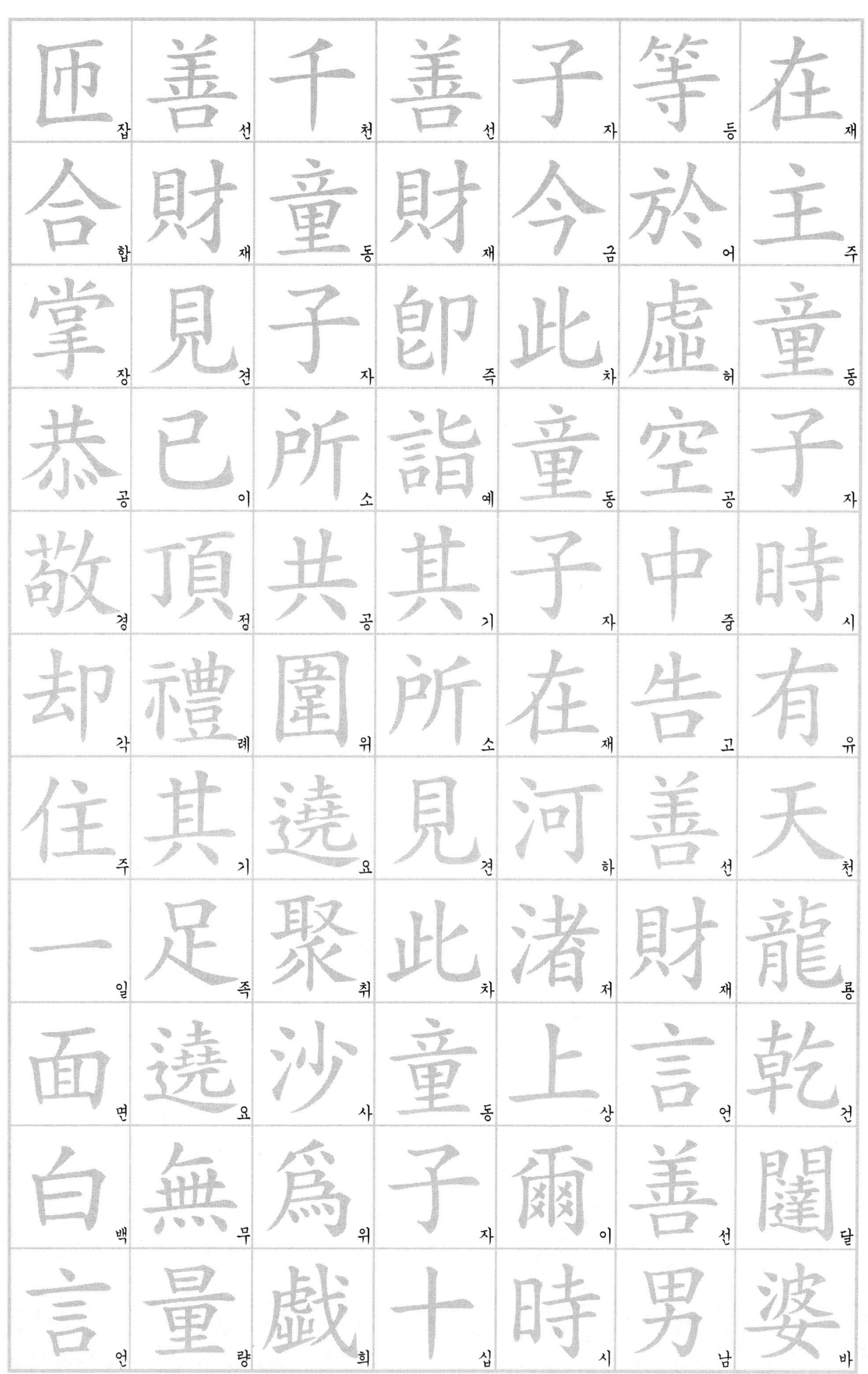

在재 主주 童동 子자 時시 有유 天천 龍룡 乾건 闥달 婆바
等등 於어 虛허 空공 中중 告고 善선 財재 言언 善선 男남
子자 今금 此차 童동 子자 在재 河하 渚저 上상 爾이 時시
善선 財재 卽즉 詣예 其기 所소 見견 此차 童동 子자 十십
千천 童동 子자 所소 共공 圍위 遶요 聚취 沙사 爲위 戲희
善선 財재 見견 已이 頂정 禮례 其기 足족 遶요 無무 量량
匝잡 合합 掌장 恭공 敬경 却각 住주 一일 面면 白백 言언

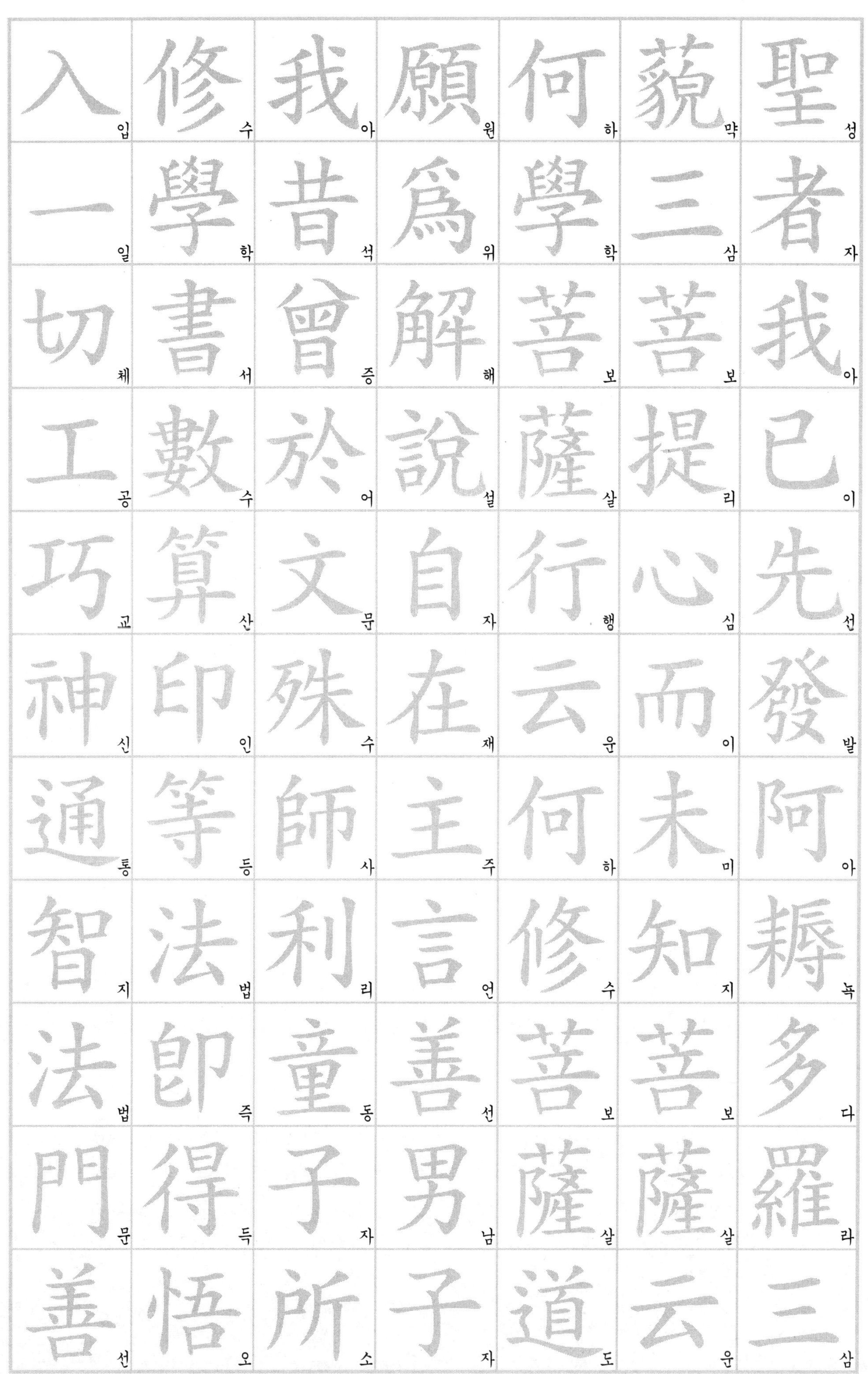

聖성 者자 我아 已이 先선 發발 阿아 耨녹 多다 羅라 三삼
藐먁 三삼 菩보 提리 心심 而이 未미 知지 菩보 薩살 云운
何하 學학 菩보 薩살 行행 云운 何하 修수 菩보 薩살 道도
願원 爲위 解해 說설 自자 在재 主주 言언 善선 男남 子자
我아 昔석 曾증 於어 文문 殊수 師사 利리 童동 子자 所소
修수 學학 書서 數수 算산 印인 等등 法법 卽즉 得득 悟오
入입 一일 切체 工공 巧교 神신 通통 智지 法법 門문 善선

男子我因此法門故得知世
間書數算印界處等法亦能
療治風癎消瘦鬼魅所着如
是所有一切諸病亦能造立
城邑聚落園林臺觀宮殿屋
宅種種諸處亦善調鍊種種
仙藥亦善營理田農商賈一

사경의 공덕은 십만억 부처님께 공양한 것과 같은 공덕이 있습니다.

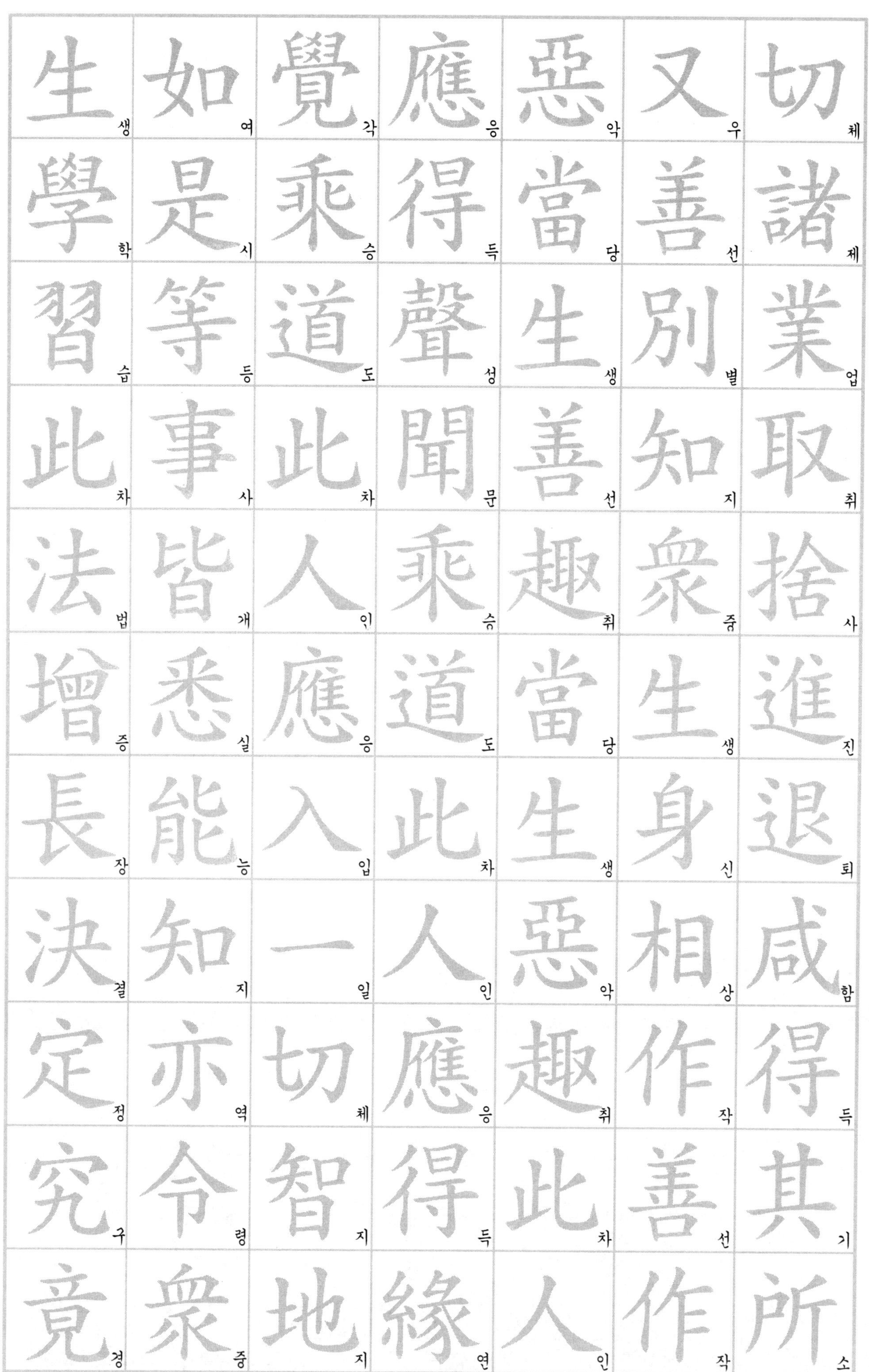
切諸業取捨進退咸得其所
又善別知衆生身相作善作
惡當生善趣當生惡趣此人
應得聲聞乘道此人應得緣
覺乘道此人應入一切智地
如是等事皆悉能知亦令衆
生學習此法增長決定究竟

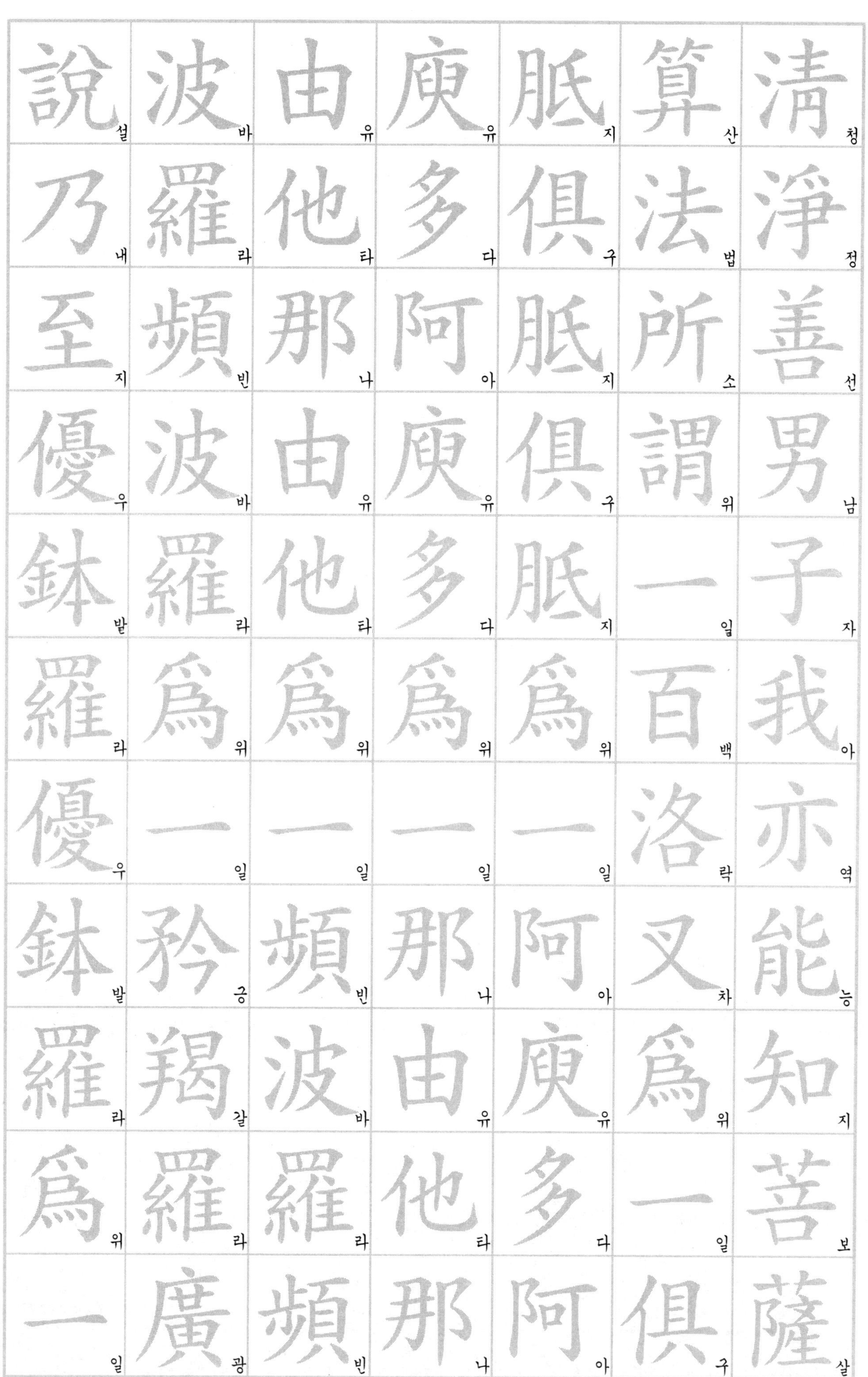
清淨善男子我亦能知菩薩
청정선남자아역능지보살
算法所謂一百洛叉爲一俱
산법소위일백락차위일구
胝俱胝俱胝爲一阿庾多阿
지구지구지위일아유다아
庾多阿庾多爲一那由他那
유다아유다위일나유타나
由他那由他爲一頻婆羅頻
유타나유타위일빈바라빈
波羅頻波羅爲一矜羯羅廣
바라빈바라위일긍갈라광
說乃至優鉢羅優鉢羅爲一
설내지우발라우발라위일

사경의 공덕은 십만억 부처님께 공양한 것과 같은 공덕이 있습니다.

波頭摩波頭摩波頭摩爲一
파두마파두마파두마위일

僧祇僧祇僧祇爲一趣趣趣
승기승기승기위일취취취

爲一喩喩喩爲一無數無數
위일유유유위일무수무수

無數爲一無數轉無數轉無
무수위일무수전무수전무

數轉爲一無量無量無量爲
수전위일무량무량무량위

一無量轉無量轉無量轉爲
일무량전무량전무량전위

一無邊無邊無邊爲一無邊
일무변무변무변위일무변

稱 칭	稱 칭	可 가	數 수	轉 전	無 무	轉 전
轉 전	不 불	數 수	不 불	無 무	等 등	無 무
不 불	可 가	轉 전	可 가	等 등	無 무	邊 변
可 가	稱 칭	不 불	數 수	轉 전	等 등	轉 전
稱 칭	不 불	可 가	爲 위	爲 위	爲 위	無 무
轉 전	可 가	數 수	一 일	一 일	一 일	邊 변
不 불	稱 칭	轉 전	不 불	不 불	無 무	轉 전
可 가	爲 위	爲 위	可 가	可 가	等 등	爲 위
稱 칭	一 일	一 일	數 수	數 수	轉 전	一 일
轉 전	不 불	不 불	轉 전	不 불	無 무	無 무
爲 위	可 가	可 가	不 불	可 가	等 등	等 등

不 불	可 가	轉 전	可 가	思 사	一 일	一 일
可 가	說 설	不 불	量 량	轉 전	不 불	不 불
說 설	不 불	可 가	爲 위	爲 위	可 가	可 가
轉 전	可 가	量 량	一 일	一 일	思 사	思 사
不 불	說 설	轉 전	不 불	不 불	轉 전	不 불
可 가	爲 위	爲 위	可 가	可 가	不 불	可 가
說 설	一 일	一 일	量 량	量 량	可 가	思 사
轉 전	不 불	不 불	轉 전	不 불	思 사	不 불
爲 위	可 가	可 가	不 불	可 가	轉 전	可 가
一 일	說 설	說 설	可 가	量 량	不 불	思 사
不 불	轉 전	不 불	量 량	不 불	可 가	爲 위

可說不可說此又不可說不
可說爲一不可說不可說轉
善男子我以此菩薩算法算
無量由旬廣大沙聚悉知其
內顆粒多少亦能算知東方
所有一切世界種種差別次
第安住南西北方四維上下

亦復如是亦能算知十方所
역부여시역능산지시방소
有一切世界廣狹大小及以
유일체세계광협대소급이
名字其中所有一切劫名一
명자기중소유일체겁명일
切佛名一切法一切衆生
체불명일체법일체중생
名一切業名一切菩薩名一
명일체업명일체보살명일
切諦名悉了知善男子我
체제명실요지선남자아
唯知此一切工巧大神通智
유지차일체공교대신통지

光明法門如諸菩薩摩訶薩
광명법문여제보살마하살

能知一切諸衆生數能知一
능지일체제중생수능지일

切諸法品類數能知一切諸
체제법품류수능지일체제

法差別數能知一切三世數
법차별수능지일체삼세수

能知一切衆生名數能知一
능지일체중생명수능지일

切諸法名數能知一切諸法如
체제법명수능지일체제법여

來數能知一切諸佛名數能
래수능지일체제불명수능

사경의 공덕은 십만억 부처님께 공양한 것과 같은 공덕이 있습니다.

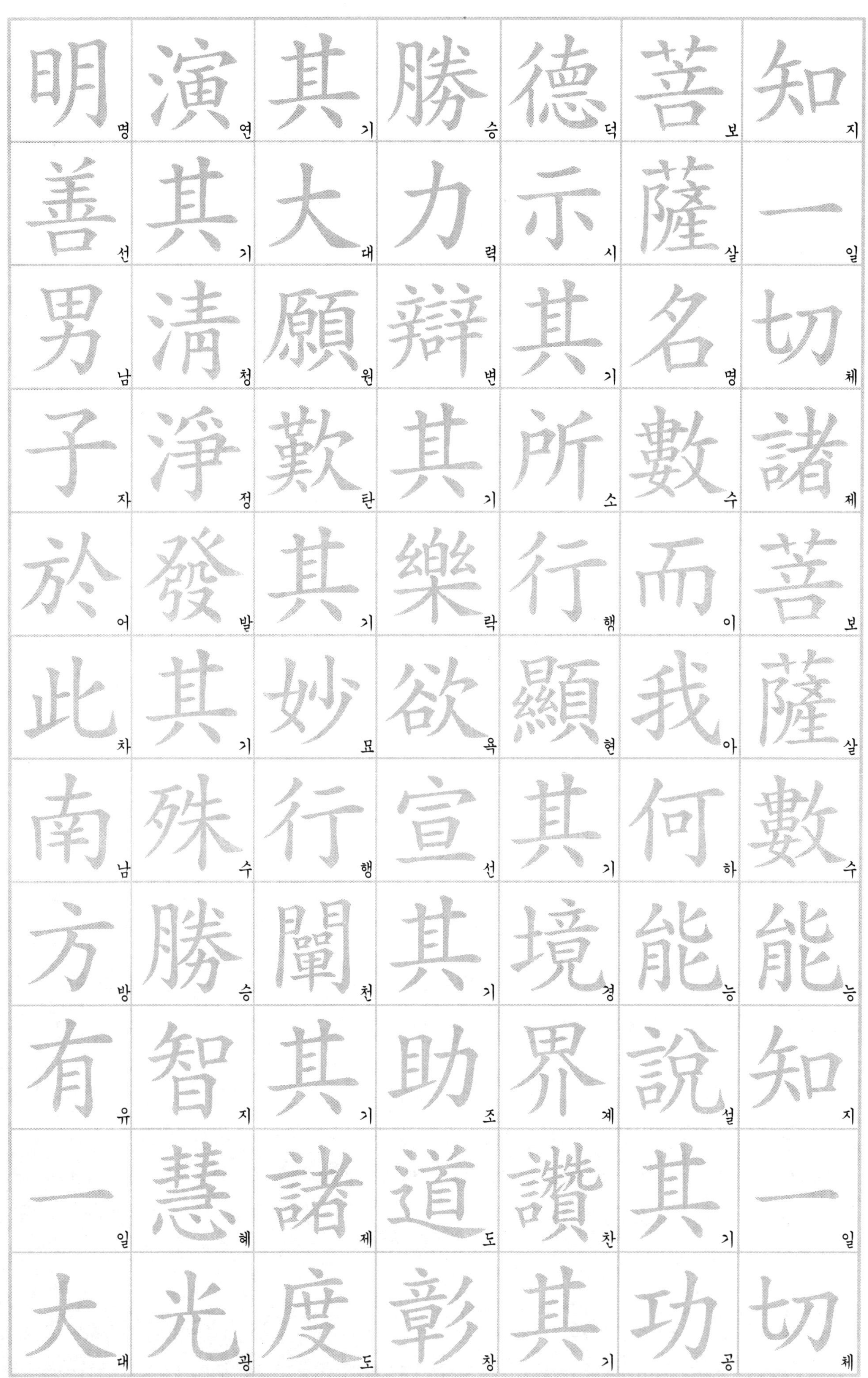
知一切諸菩薩數能知一切
지일체제보살수능지일체
菩薩名數而我何能說其功
보살명수이아하능설기공
德示其所行顯其境界讚其
덕시기소행현기경계찬기
勝力辯其樂欲宣其助道彰
승력변기락욕선기조도창
其大願歎其妙行闡其諸度
기대원탄기묘행천기제도
演其清淨發其殊勝智慧光
연기청정발기수승지혜광
明善男子於此南方有一大
명선남자어차남방유일대

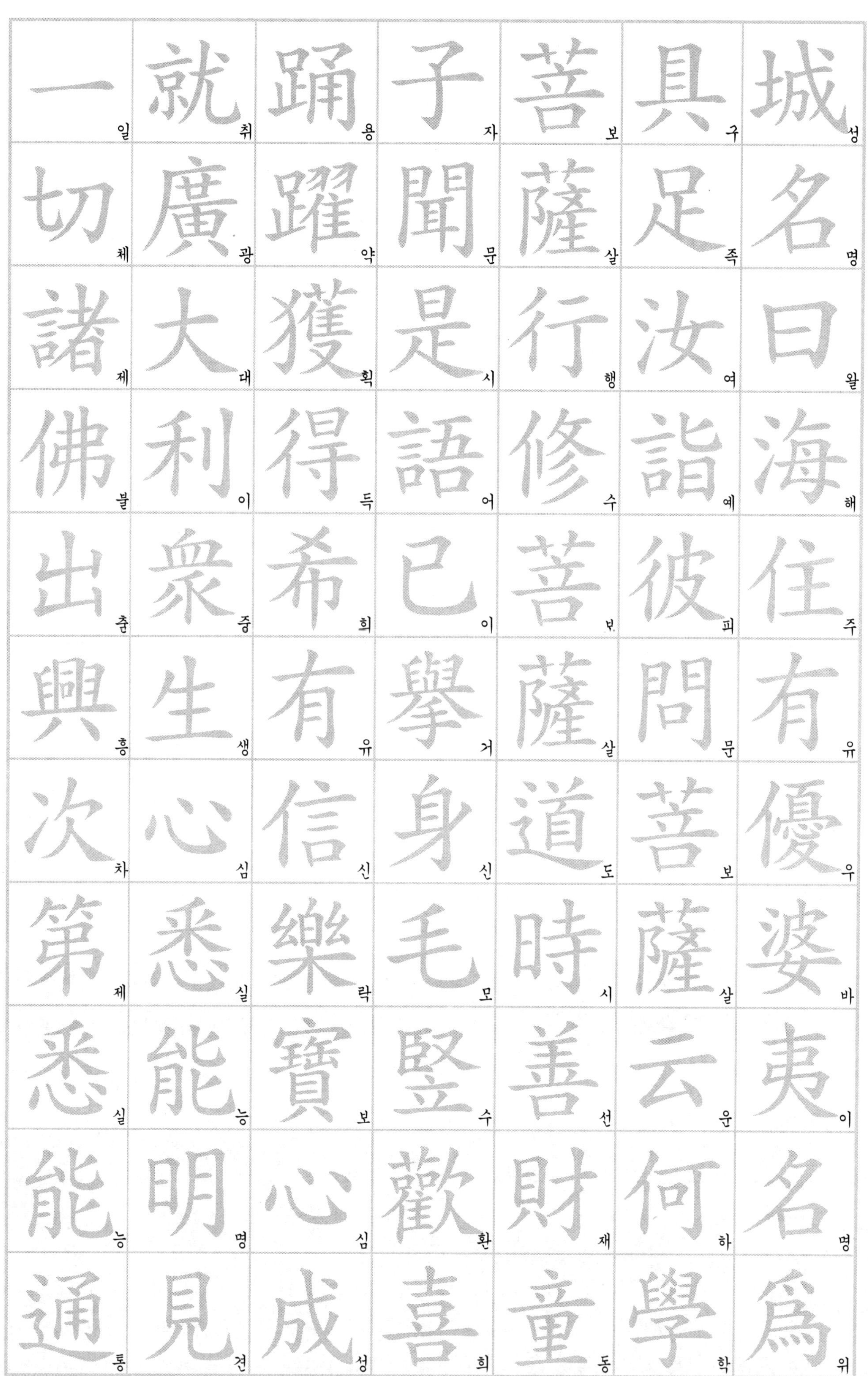
城名日海住有優婆夷名爲
具足汝詣彼問菩薩云何學
菩薩行修菩薩道時善財童
子聞是語已擧身毛竪歡喜
踊躍獲得希有信樂寶心成
就廣大利衆生心悉能明見
一切諸佛出興次第悉能通

達(달)甚(심)深(심)智(지)慧(혜)淸(청)淨(정)法(법)輪(륜)於(어)一(일)
切(체)趣(취)皆(개)隨(수)現(현)身(신)了(요)知(지)三(삼)世(세)平(평)
等(등)境(경)界(계)出(출)生(생)無(무)盡(진)功(공)德(덕)大(대)海(해)
放(방)大(대)智(지)慧(혜)自(자)在(재)光(광)明(명)開(개)三(삼)有(유)
城(성)所(소)有(유)關(관)鑰(약)頂(정)禮(례)其(기)足(족)遶(요)無(무)
量(량)匝(잡)殷(은)勤(근)瞻(첨)仰(앙)辭(사)退(퇴)而(이)去(거)
爾(이)時(시)善(선)財(재)童(동)子(자)觀(관)察(찰)思(사)惟(유)

熱 열	敎 교	凡 범	法 법	識 식	雨 우	善 선
渴 갈	如 여	所 소	根 근	敎 교	無 무	知 지
善 선	夏 하	照 조	苗 묘	猶 유	有 유	識 식
知 지	雪 설	及 급	善 선	如 여	厭 염	敎 교
識 식	山 산	皆 개	知 지	春 춘	足 족	猶 유
敎 교	能 능	使 사	識 식	日 일	作 작	如 여
如 여	除 제	淸 청	敎 교	生 생	是 시	巨 거
芳 방	一 일	凉 량	猶 유	長 장	念 념	海 해
池 지	切 체	善 선	如 여	一 일	言 언	受 수
日 일	諸 제	知 지	滿 만	切 체	善 선	大 대
能 능	獸 수	識 식	月 월	善 선	知 지	雲 운

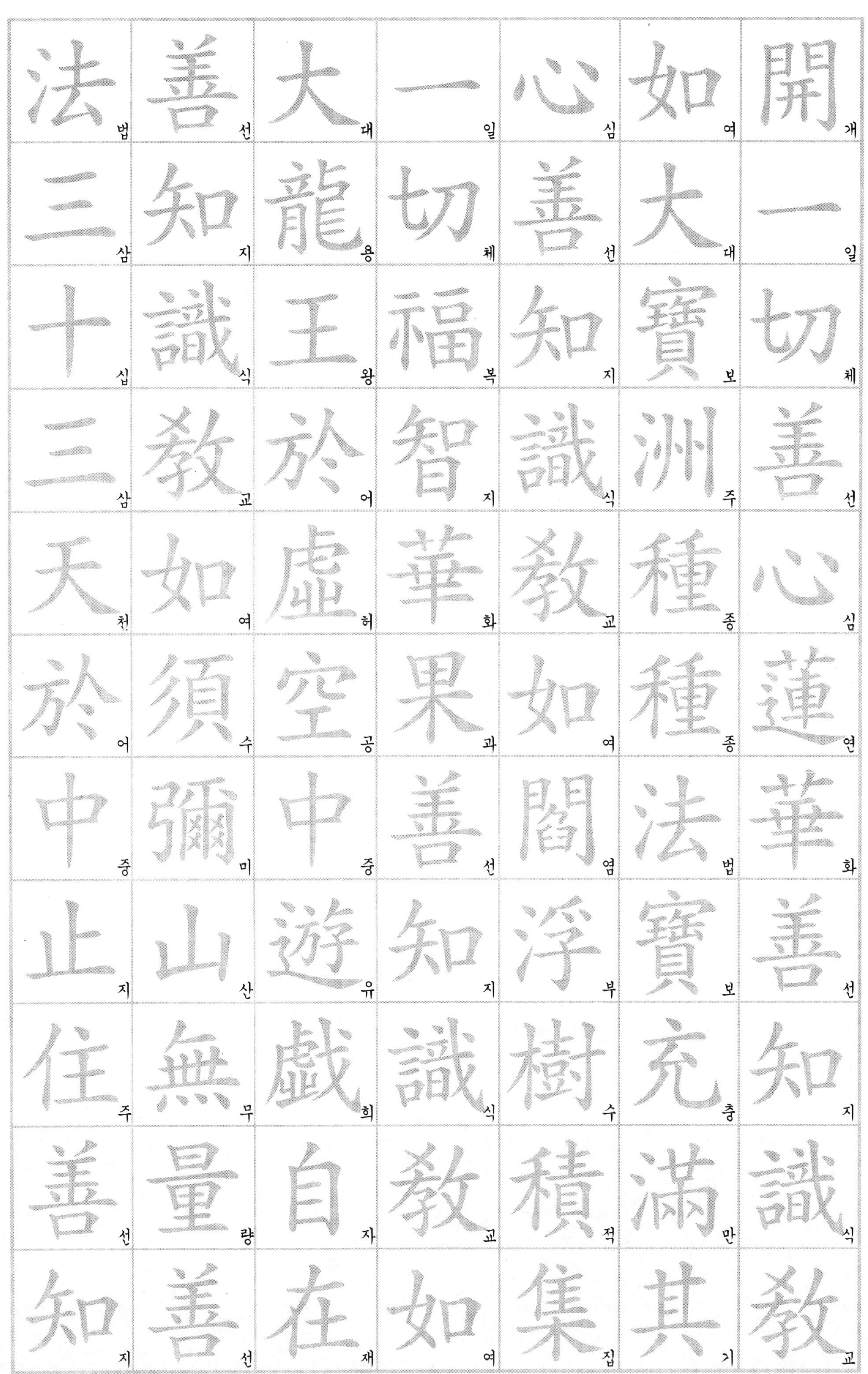

사경의 공덕은 십만억 부처님께 공양한 것과 같은 공덕이 있습니다.

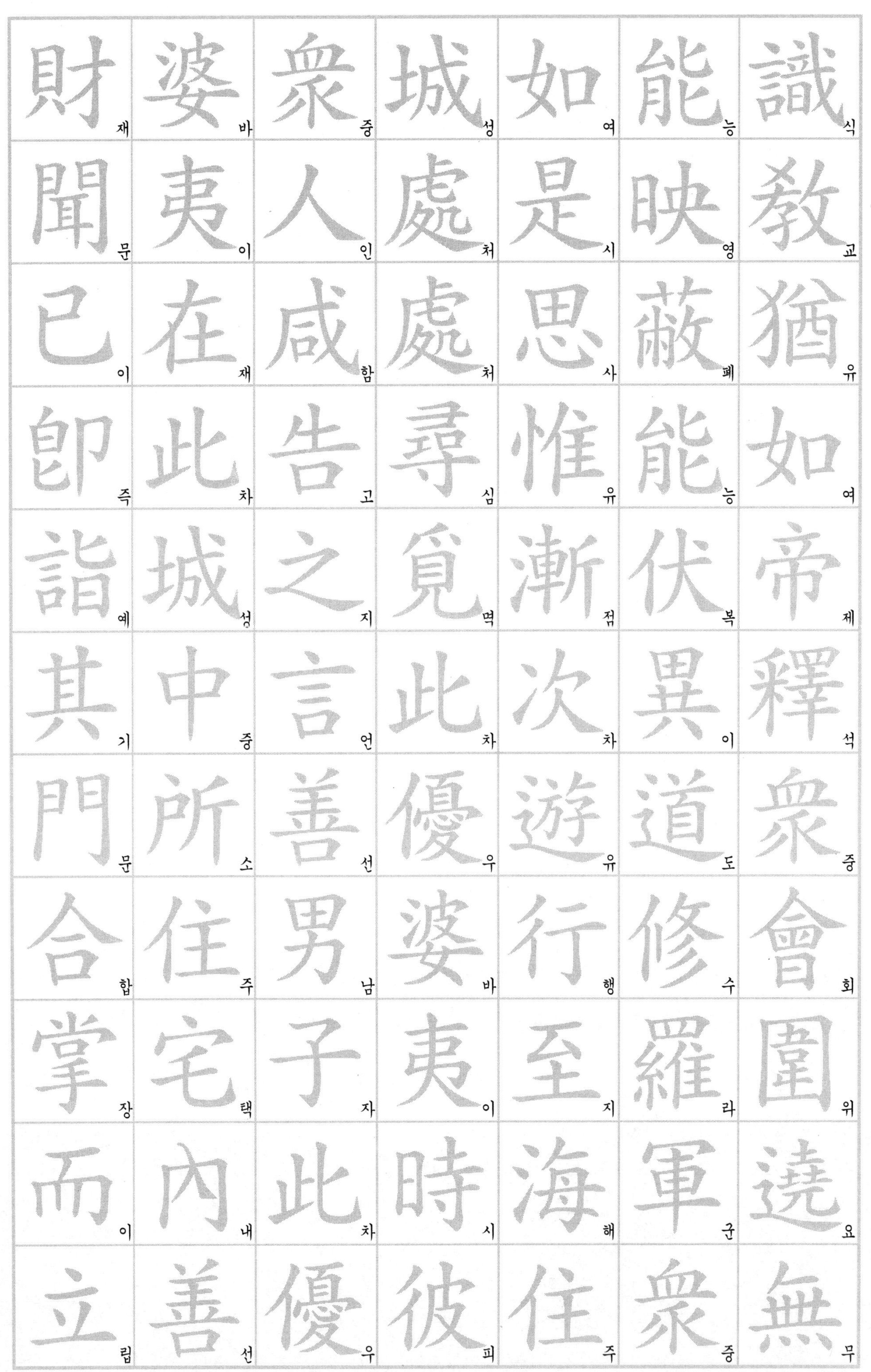
識(식) 敎(교) 猶(유) 如(여) 帝(제) 釋(석) 衆(중) 會(회) 圍(위) 遶(요) 無(무)
能(능) 映(영) 蔽(폐) 能(능) 伏(복) 異(이) 道(도) 修(수) 羅(라) 軍(군) 衆(중)
如(여) 是(시) 思(사) 惟(유) 漸(점) 次(차) 遊(유) 行(행) 至(지) 海(해) 住(주)
城(성) 處(처) 處(처) 尋(심) 覓(멱) 此(차) 優(우) 婆(바) 夷(이) 時(시) 彼(피)
衆(중) 人(인) 咸(함) 告(고) 之(지) 言(언) 善(선) 男(남) 子(자) 此(차) 優(우)
婆(바) 夷(이) 在(재) 此(차) 城(성) 中(중) 所(소) 住(주) 宅(택) 內(내) 善(선)
財(재) 聞(문) 已(이) 即(즉) 詣(예) 其(기) 門(문) 合(합) 掌(장) 而(이) 立(립)

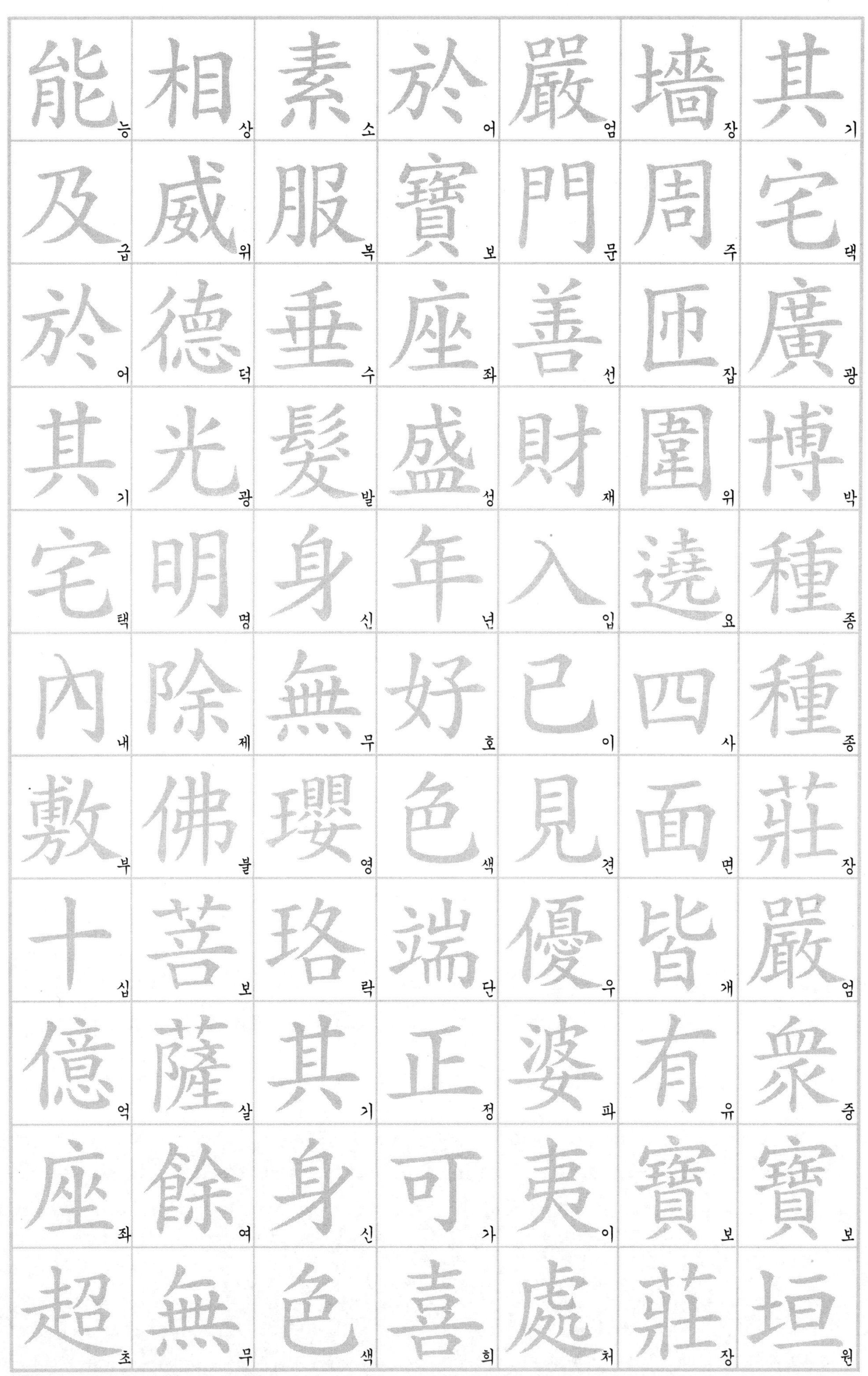
其기 宅댁 廣광 博박 種종 種종 莊장 嚴엄 衆중 寶보 垣원
牆장 周주 匝잡 圍위 遶요 四사 面면 皆개 有유 寶보 莊장
嚴엄 門문 善선 財재 入입 已이 見견 優우 婆파 夷이 處처
於어 寶보 座좌 盛성 年년 好호 色색 端단 正정 可가 喜희
素소 服복 垂수 髮발 身신 無무 瓔영 珞락 其기 身신 色색
相상 威위 德덕 光광 明명 除제 佛불 菩보 薩살 餘여 無무
能능 及급 於어 其기 宅택 內내 敷부 十십 億억 座좌 超초

사경의 공덕은 십만억 부처님께 공양한 것과 같은 공덕이 있습니다.

瞻仰思惟觀察曲躬低首應
첨앙사유관찰곡궁저수응

其教命彼諸童女身出妙香
기교명피제동녀신출묘향

普熏一切若有衆生遇斯香
보훈일체약유중생우사향

自皆不退轉無怒害心無怨
자개불퇴전무노해심무원

結心無癎疾心無諂誑心無
결심무간질심무첨광심무

險曲心無憎愛心無瞋恚心
험곡심무증애심무진에심

無下劣心無高慢心生平等
무하열심무고만심생평등

心(심) 起(기) 大(대) 慈(자) 心(심) 發(발) 利(이) 益(익) 心(심) 住(주) 律(율)
儀(의) 心(심) 離(이) 貪(탐) 求(구) 心(심) 聞(문) 其(기) 音(음) 者(자) 幻(환)
戲(희) 踊(용) 躍(약) 見(견) 其(기) 身(신) 者(자) 悉(실) 離(리) 貪(탐) 染(염)
爾(이) 時(시) 善(선) 財(재) 旣(기) 見(견) 具(구) 足(족) 優(우) 婆(파)
夷(이) 已(이) 頂(정) 禮(례) 其(기) 足(족) 恭(공) 敬(경) 圍(위) 遶(요) 合(합)
掌(장) 而(이) 立(립) 白(백) 言(언) 聖(성) 者(자) 我(아) 已(이) 先(선) 發(발)
阿(아) 耨(뇩) 多(다) 羅(라) 三(삼) 藐(약) 三(삼) 菩(보) 提(리) 心(심) 而(이)

未知菩薩云何學菩薩行云
何修菩薩道我聞聖者善能
誘誨願爲我說彼卽告言善
男子我得菩薩無盡福德藏
解脫門能於如是一小器中
隨諸衆生種種欲樂出生種
種美味飲食悉令充滿假使

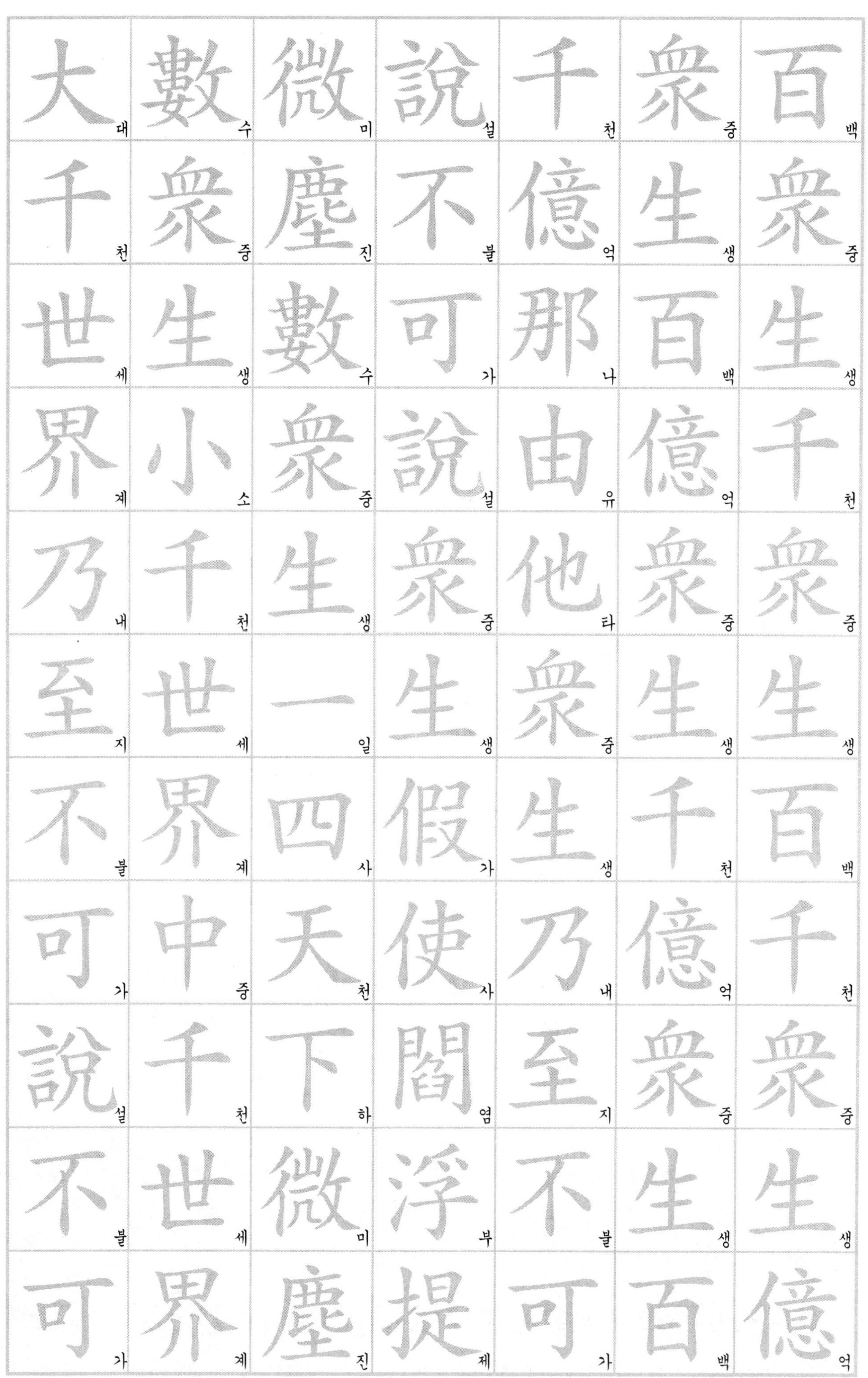
百衆生千衆生百千億衆生億
衆生百億衆生千億衆生百
千億那由他衆生乃至不可
說不可說衆生假使閻浮提
微塵數衆生一四天下微塵
數衆生小千世界中千世界
大千世界乃至不可說不可

種 종	種 종	種 종	盡 진	悉 실	方 방	說 설
種 종	種 종	上 상	亦 역	令 령	世 세	佛 불
鬘 만	臥 와	味 미	不 불	充 충	界 계	刹 찰
種 종	具 구	種 종	減 감	滿 만	一 일	微 미
種 종	種 종	種 종	少 소	而 이	切 체	塵 진
香 향	種 종	牀 상	如 여	其 기	衆 중	數 수
種 종	車 거	座 좌	飮 음	飮 음	生 생	衆 중
種 종	乘 승	種 종	食 식	食 식	隨 수	生 생
塗 도	種 종	種 종	如 여	無 무	其 기	假 가
香 향	種 종	衣 의	是 시	有 유	欲 욕	使 사
種 종	華 화	服 복	種 종	窮 궁	樂 락	十 시

사경의 공덕은 십만억 부처님께 공양한 것과 같은 공덕이 있습니다.

如是百世界千世界百千世
界億世界百億世界千億世
界百千億世界百千億那由
他世界閻浮提微塵數世界
一四天下微塵數世界小千
國土微塵數世界中千國土
微塵數世界三千大千國土

微塵數世界乃至不可說不 (미진수세계내지불가설불)
可說佛刹微塵數世界中所 (가설불찰미진수세계중소)
有一切聲聞獨覺食我食已 (유일체성문독각식아식이)
皆證聲聞辟支佛果住最後 (개증성문벽지불과주최후)
身如於東方南西北方四維 (신여어동방남서북방사유)
上下亦復如是又善男子東 (상하역부여시우선남자동)
方一世界乃至不可說不可 (방일세계내지불가설불가)

說佛刹微塵數世界中所有
一生所繫菩薩食我食已皆
菩提樹下坐於道場降伏魔
軍成阿耨多羅三藐三菩提
如東方南西北方四維上下
亦復如是善男子汝見我此
十千童女眷屬已不答言已

사경의 공덕은 십만억 부처님께 공양한 것과 같은 공덕이 있습니다.

사경의 공덕은 십만억 부처님께 공양한 것과 같은 공덕이 있습니다.

口業隨世語言宣布法化同
구업수세어언선포법화동

往詣一切諸佛衆會道場同
왕예일체제불중회도량동

往詣一切佛刹供養諸佛同
왕예일체불찰공양제불동

能現見一切法門同住菩薩
능현견일체법문동주보살

清淨行地善男子是十千童
청정행지선남자시십천동

女能於此器取上飲食一刹
녀능어차기취상음식일찰

那頃徧至十方供養一切後
나경변지십방공양일체후

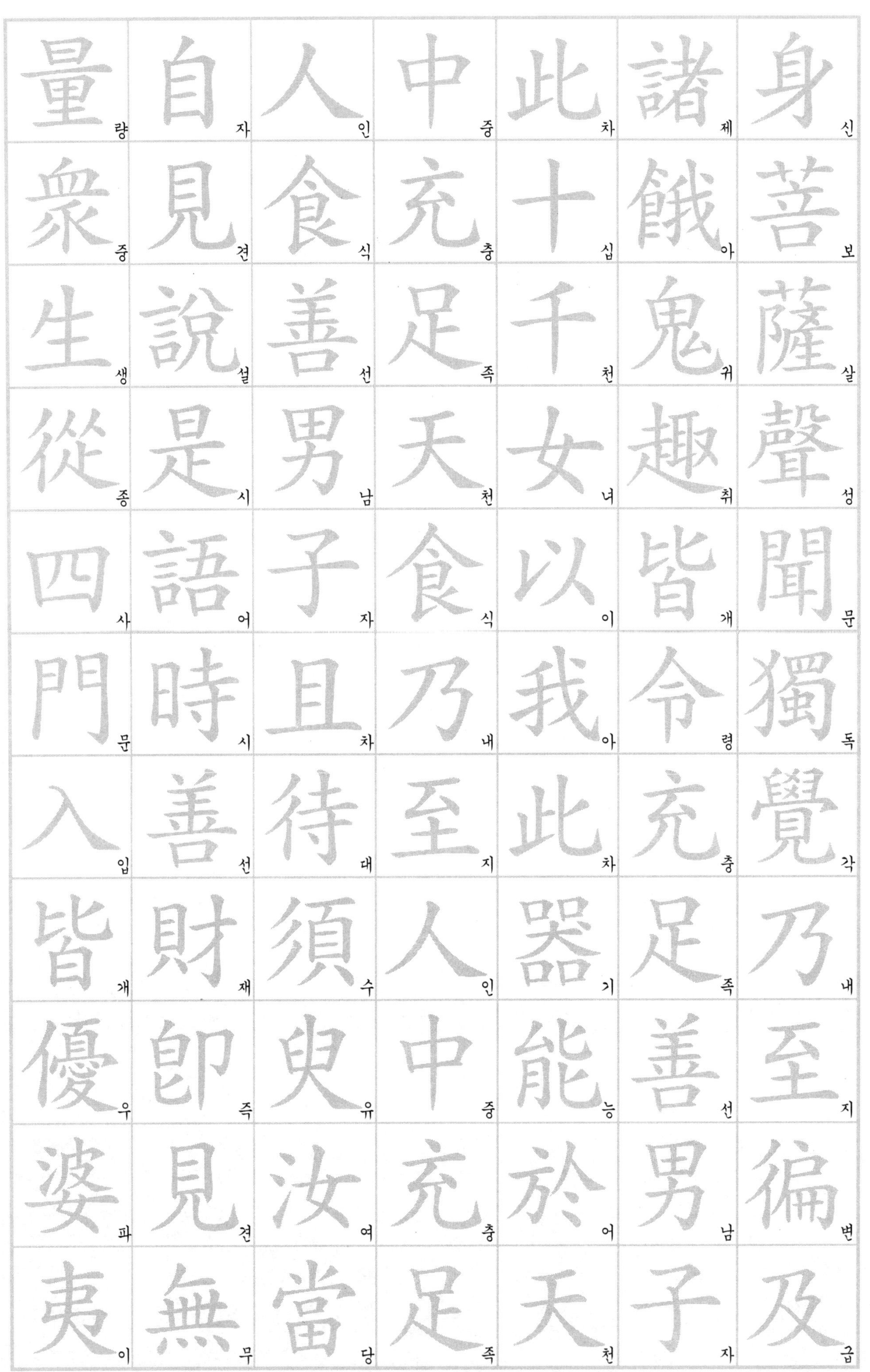
身菩薩聲聞獨覺乃至徧及
신보살성문독각내지변급
諸餓鬼趣皆令充足善男子
제아귀취개령충족선남자
此十千女以我此器能於天
차십천녀이아차기능어천
中充足天食乃至人中充足
중충족천식내지인중충족
人食善男子且待須臾汝當
인식선남자차대수유여당
自見說是語時善財卽見無
자견설시어시선재즉견무
量衆生從四門入皆優婆夷
량중생종사문입개우바이

本願所請旣來集已敷座令
본원소청기래집이부좌령

坐隨其所須給施飮食悉使
좌수기소수급시음식실사

充足告善財言善男子我唯
충족고선재언선남자아유

知此無盡福德藏解脫門如
지차무진복덕장해탈문여

諸菩薩摩訶薩一切功德猶
제보살마하살일체공덕유

如大海甚深無盡猶如虛空
여대해심심무진유여허공

廣大無際如意珠滿衆生
광대무제여의주만중생

사경의 공덕은 십만억 부처님께 공양한 것과 같은 공덕이 있습니다.

사경의 공덕은 십만억 부처님께 공양한 것과 같은 공덕이 있습니다.

知 지	者 자	至 지	德 덕	福 복	彼 피	攝 섭
識 식	於 어	大 대	道 도	德 덕	福 복	彼 피
熏 훈	善 선	興 흥	修 수	藏 장	德 덕	福 복
習 습	知 지	城 성	彼 피	入 입	池 지	德 덕
其 기	識 식	周 주	福 복	彼 피	淨 정	藏 장
心 심	心 심	徧 변	德 덕	福 복	彼 피	入 입
於 어	生 생	推 추	種 종	德 덕	福 복	彼 피
善 선	渴 갈	求 구	漸 점	門 문	德 덕	福 복
知 지	仰 앙	明 명	次 차	行 행	輪 윤	德 덕
識 식	以 이	智 지	而 이	彼 피	見 견	淵 연
志 지	善 선	長 장	行 행	福 복	彼 피	遊 유

欲堅固方便求見諸善知識
心不退轉願得承事諸善知
識心無懈倦知由依止善知
識故能滿衆善知由依止善
知識故能生衆福知由依止
善知識故能長衆行知由依
止善知識故不由他教自能

사경의 공덕은 십만억 부처님께 공양한 것과 같은 공덕이 있습니다.

承事一切善友如是思惟時
승사일체선우여시사유시

長其善根淨其深心增其根
장기선근정기심심증기근

性益其德本加其大願廣其
성익기덕본가기대원광기

大悲近一切智具普賢道照
대비근일체지구보현도조

明一切諸佛正法增長如來
명일체제불정법증장여래

十力光明
십력광명

爾時善財見彼居士在其
이시선재견피거사재기

사경의 공덕은 십만억 부처님께 공양한 것과 같은 공덕이 있습니다.

사경의 공덕은 십만억 부처님께 공양한 것과 같은 공덕이 있습니다.

寶以爲其竿令入執持以覆
其上鵝王羽翮清淨嚴潔以
爲其扇熏衆妙香雨衆天華
左右常奏五百樂音其音微
妙過於天樂衆生聞者無不
悅豫十千眷屬前後圍遶色
相端嚴人所喜見天莊嚴具

사경의 공덕은 십만억 부처님께 공양한 것과 같은 공덕이 있습니다.

以(이)爲(위)嚴(엄)飾(식)於(어)天(천)人(인)中(중)最(최)勝(승)無(무)
比(비)悉(실)已(이)成(성)就(취)菩(보)薩(살)志(지)欲(욕)皆(개)與(여)
居(거)士(사)同(동)昔(석)善(선)根(근)侍(시)立(립)瞻(첨)對(대)承(승)
其(기)教(교)命(명)
爾(이)時(시)善(선)財(재)頂(정)禮(례)其(기)足(족)遶(요)無(무)
量(량)匝(잡)合(합)掌(장)而(이)立(립)白(백)言(언)聖(성)者(자)我(아)
爲(위)利(이)益(익)一(일)切(체)衆(중)生(생)故(고)爲(위)令(령)一(일)

切 체	切 체	切 체	切 체	切 체	切 체	切 체
衆 중	衆 중	衆 중	衆 중	衆 중	衆 중	衆 중
生 생	生 생	生 생	生 생	生 생	生 생	生 생
捨 사	起 기	枯 고	住 주	出 출	究 구	出 출
離 리	大 대	竭 갈	法 법	生 생	竟 경	諸 제
欲 욕	慈 자	愛 애	寶 보	死 사	安 안	苦 고
愛 애	悲 비	河 하	洲 주	海 해	樂 락	難 난
故 고	故 고	故 고	故 고	故 고	故 고	故 고
爲 위	爲 위	爲 위	爲 위	爲 위	爲 위	爲 위
令 령	令 령	令 령	令 령	令 령	令 령	令 령
一 일	一 일	一 일	一 일	一 일	一 일	一 일

切衆生渴仰佛智故爲令一
체중생갈앙불지고위령일

切衆生出生死曠野故爲令
체중생출생사광야고위령

一切衆生樂諸佛功德故爲
일체중생락제불공덕고위

令一切衆生出三界城故爲
령일체중생출삼계성고위

令一切衆生入一切智城故
령일체중생입일체지성고

發阿耨多羅三藐三菩提心
발아녹다라삼먁삼보리심

而未知菩薩云何學菩薩行
이미지보살운하학보살행

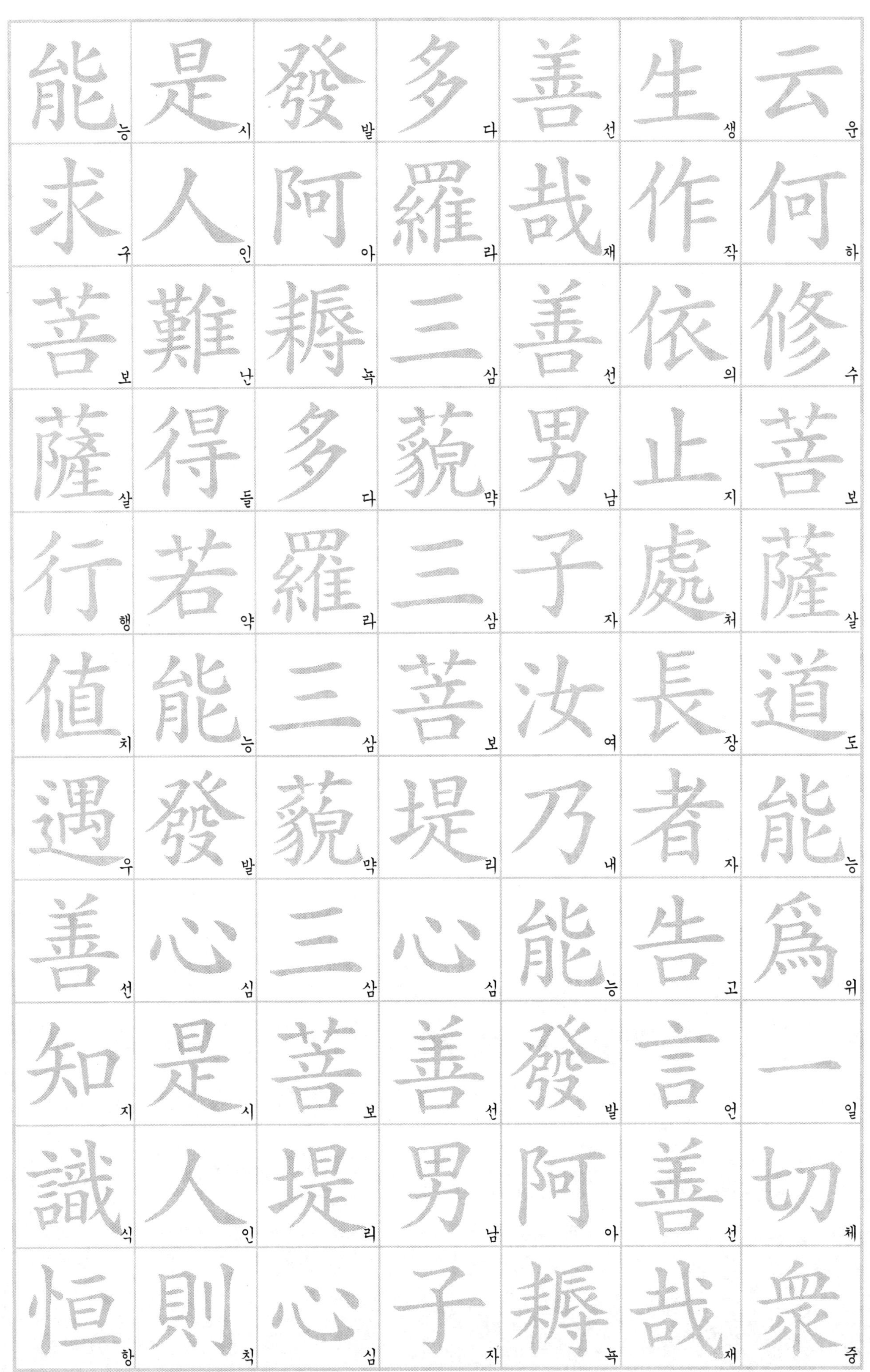

云何修菩薩道能爲一切衆
生作依止處長者告言善哉
善哉善男子汝乃能發阿耨
多羅三藐三菩提心善男子
發阿耨多羅三藐三菩提心
是人難得若能發心是人則
能求菩薩行値遇善知識恒

사경의 공덕은 십만억 부처님께 공양한 것과 같은 공덕이 있습니다.

行 행	休 휴	終 종	知 지	侍 시	倦 권	無 무
善 선	息 식	不 불	識 식	善 선	供 공	厭 염
知 지	瞻 첨	放 방	終 종	知 지	養 양	足 족
識 식	仰 앙	捨 사	不 불	識 식	善 선	親 친
教 교	善 선	承 승	退 퇴	不 불	知 지	近 근
未 미	知 지	事 사	轉 전	生 생	識 식	善 선
曾 증	識 식	善 선	愛 애	憂 우	恒 항	知 지
怠 태	無 무	知 지	念 념	慼 척	不 불	識 식
惰 타	時 시	識 식	善 선	求 구	疲 피	恒 항
稟 품	憩 게	無 무	知 지	覓 멱	懈 해	無 무
善 선	止 지	暫 잠	識 식	善 선	給 급	勞 로

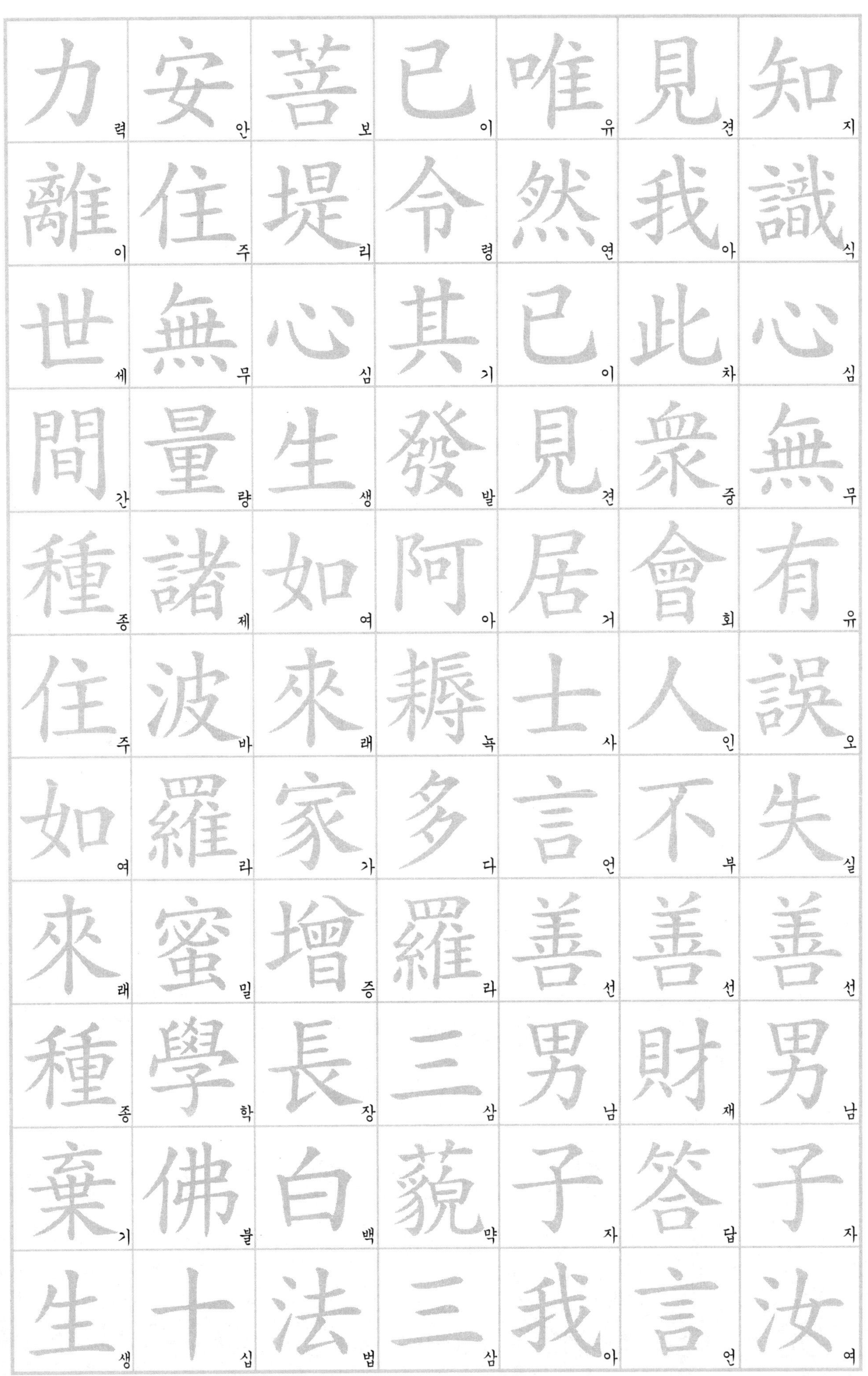
知識心無有誤失善男子汝
지식심무유오실선남자여
見我此衆會人不善財答言
견아차중회인부선재답언
唯然已見居士言善男子我
유연이견거사언선남자아
已令其發阿耨多羅三藐三
이령기발아녹다라삼약삼
菩提心生如來家增長白法
보리심생여래가증장백법
安住無量諸波羅蜜學佛十
안주무량제바라밀학불십
力離世間種住如來種棄生
력이세간종주여래종기생

藥 약	象 상	須 수	出 출	一 일	正 정	死 사
房 방	馬 마	悉 실	生 생	切 체	法 법	輪 륜
舍 사	車 거	滿 만	福 복	衆 중	趣 취	轉 전
屋 옥	乘 승	其 기	德 덕	生 생	如 여	正 정
宅 택	華 화	願 원	藏 장	善 선	諸 제	法 법
牀 상	香 향	所 소	解 해	男 남	菩 보	輪 륜
座 좌	幢 당	謂 위	脫 탈	子 자	薩 살	滅 멸
燈 등	蓋 개	衣 의	門 문	我 아	悉 실	三 삼
炬 거	飮 음	服 복	凡 범	得 득	能 능	惡 악
奴 노	食 식	瓔 영	有 유	隨 수	救 구	趣 취
婢 비	湯 탕	珞 락	所 소	意 의	護 호	住 주

사경의 공덕은 십만억 부처님께 공양한 것과 같은 공덕이 있습니다.

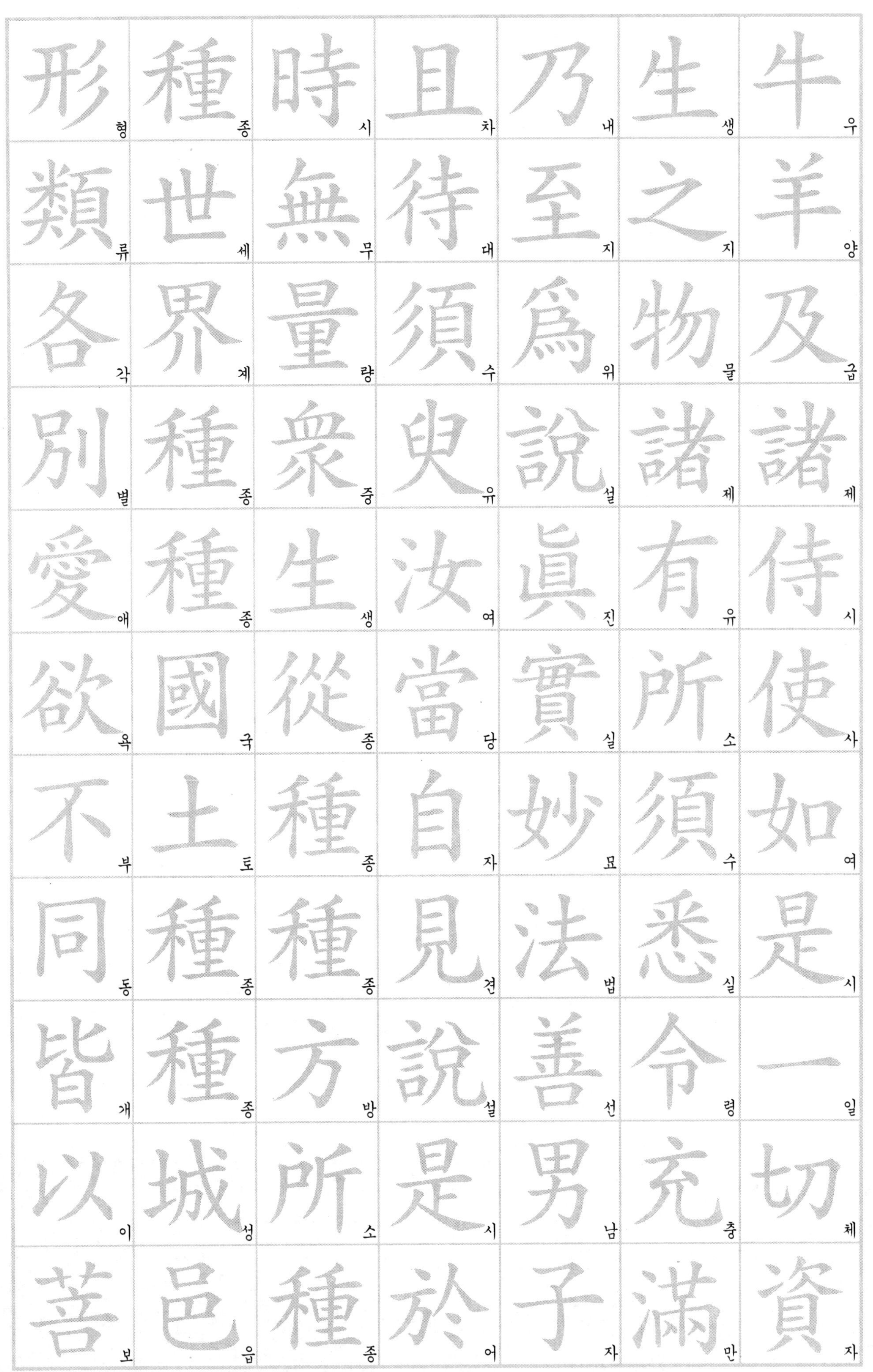
牛羊及諸侍使如是一切資
우양급제시사여시일체자

生之物諸有所須悉令充滿
생지물제유소수실령충만

乃至爲說眞實妙法善男子
내지위설진실묘법선남자

且待須臾汝當自見說是於
차대수유여당자견설시어

時無量衆生從種種方所種
시무량중생종종종방소종

種世界種種國土種種城邑
종세계종종국토종종성읍

形類各別愛欲不同皆以菩
형류각별애욕부동개이보

사경의 공덕은 십만억 부처님께 공양한 것과 같은 공덕이 있습니다.

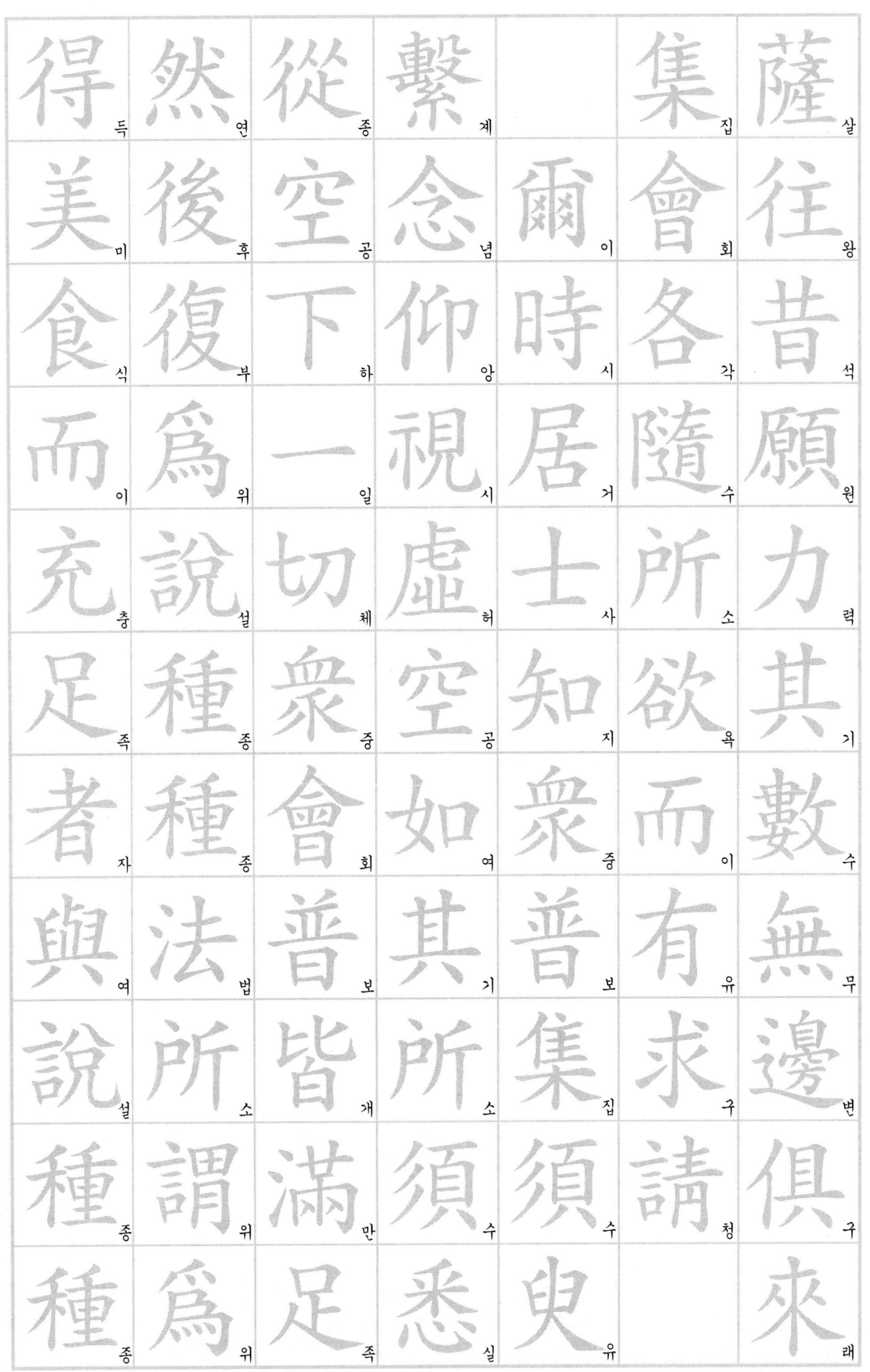
薩살 往왕 昔석 願원 力력 其기 數수 無무 邊변 俱구 來래
集집 會회 各각 隨수 所소 欲욕 而이 有유 求구 請청
爾이 時시 居거 士사 知지 衆중 普보 集집 須수 臾유
繫계 念념 仰앙 視시 虛허 空공 如여 其기 所소 須수 悉실
從종 空공 下하 一일 切체 衆중 會회 普보 皆개 滿만 足족
然연 後후 復부 爲위 說설 種종 種종 法법 所소 謂위 爲위
得득 美미 食식 而이 充충 足족 者자 與여 說설 種종 種종

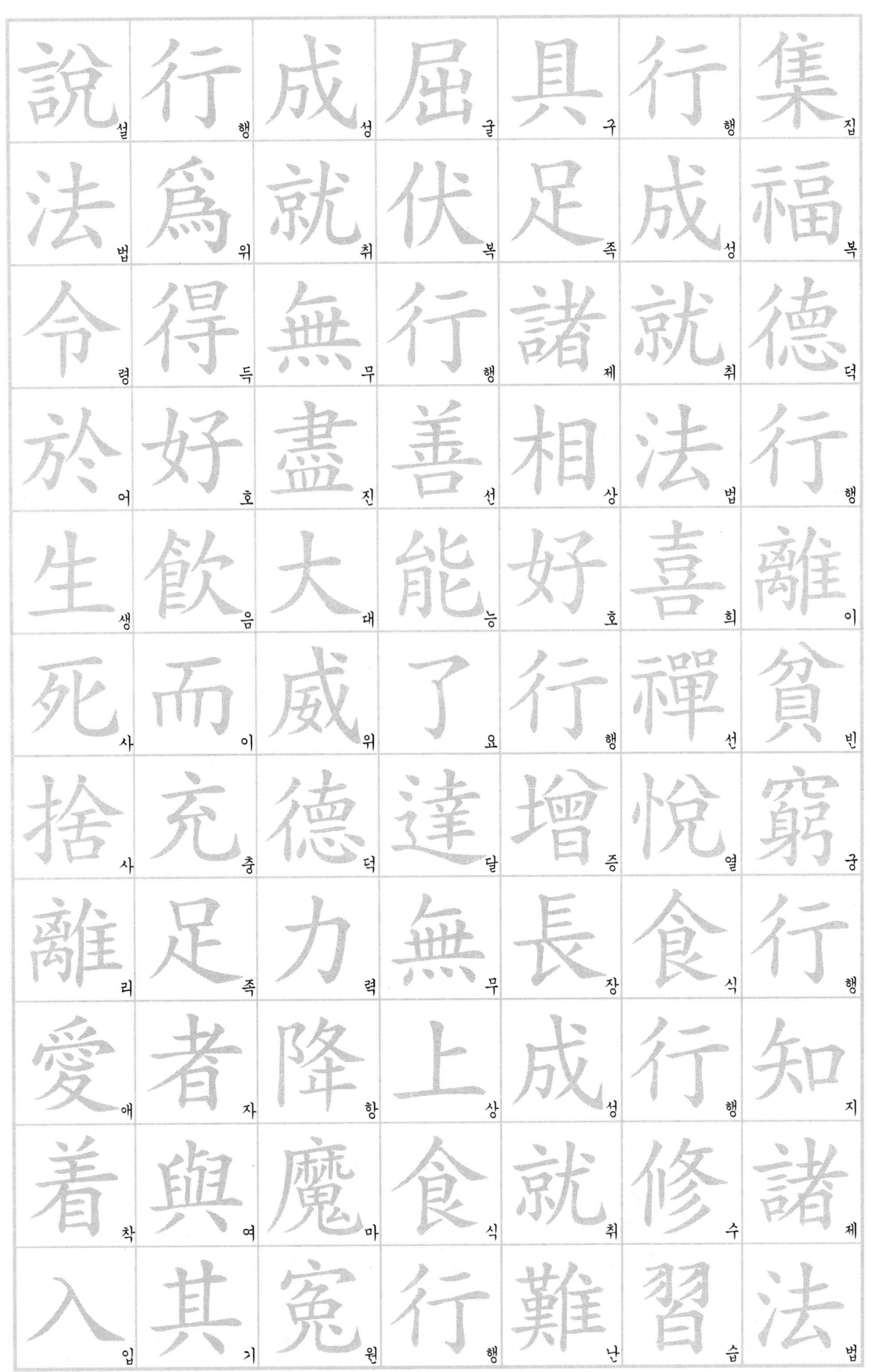

集福德行離貧窮行知諸法
行成就法喜禪悅食行修習
具足諸相好行增長成就難
屈伏行善能了達無上食行
成就無盡大威德力降魔冤
行爲得好飮而充足者與其
說法令於生死捨離愛着入

사경의 공덕은 십만억 부처님께 공양한 것과 같은 공덕이 있습니다.

佛法味爲得種種諸上味者
불법미위득종종제상미자
與其說法皆令獲得諸佛如
여기설법개령획득제불여
來上味之相爲得車乘而充
래상미지상위득차승이충
足者與其宣說種種法門皆
족자여기선설종종법문개
令得載摩訶衍乘爲得衣服
령득재마하연승위득의복
而充足者與其說法令得淸淸
이충족자여기설법령득청청
淨慚愧之衣乃至如來淸淨
정참괴지의내지여래청정

妙色如是一切靡不周贍然
묘색여시일체미불주섬연

後悉爲如應說法旣聞法已
후실위여응설법기문법이

還歸本處
환귀본처

爾時居士爲善財童子示
이시거사위선재동자시

現菩薩不可思議解脫境界
현보살불가사의해탈경계

已告言善男子我唯知此隨
이고언선남자아유지차수

意出生福德藏解脫門如諸
의출생복덕장해탈문여제

사경의 공덕은 십만억 부처님께 공양한 것과 같은 공덕이 있습니다.

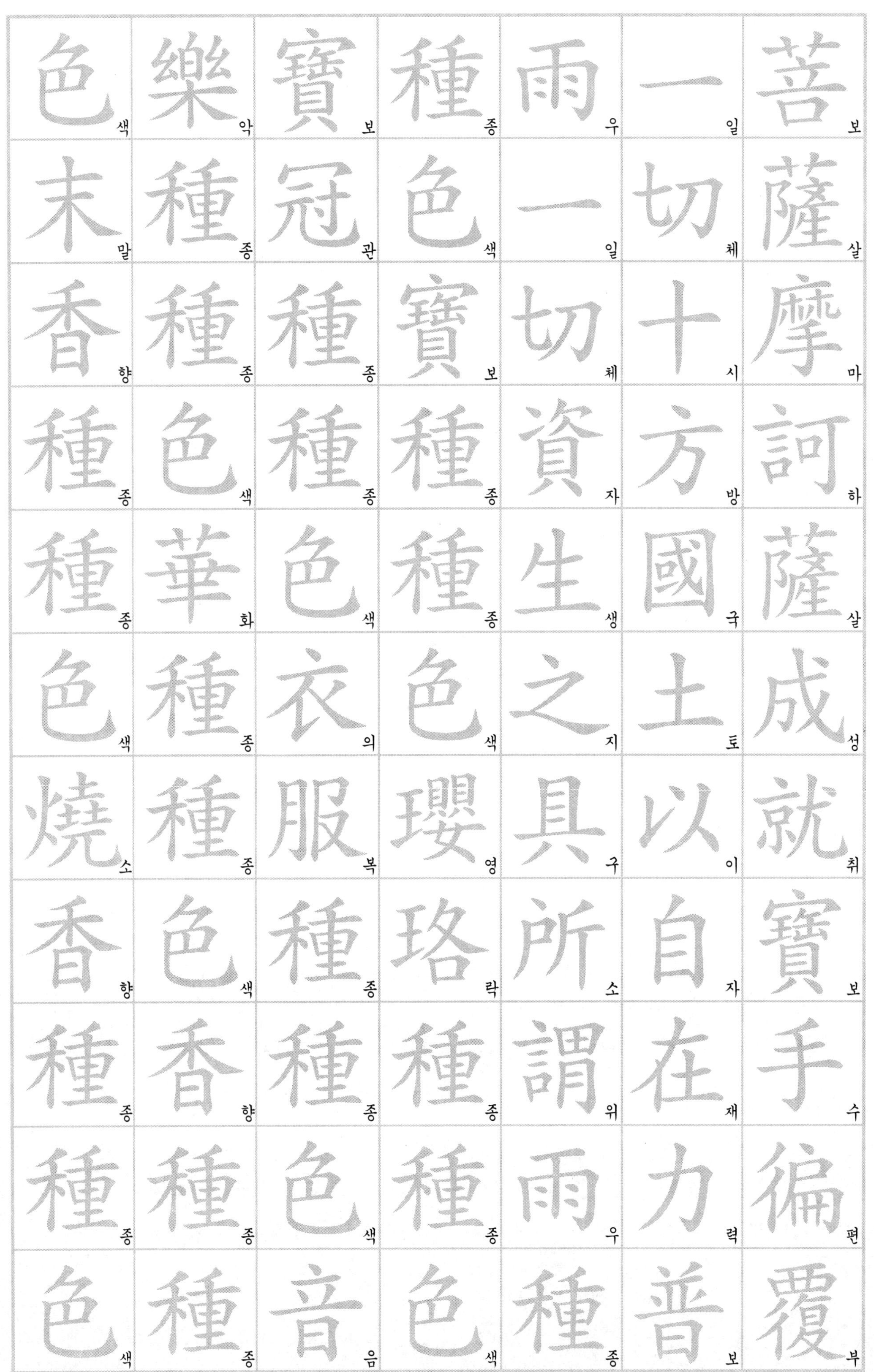

菩薩摩訶薩成就寶手偏覆
一切十方國土以自在力普
雨一切資生之具所謂雨種
種色寶種種色瓔珞種種色
寶冠種種色衣服種種色音
樂種種色華種種色香種種
色末香種種色燒香種種色

名 명	善 선	知 지	供 공	場 량	衆 중	寶 보
師 사	男 남	能 능	養 양	或 혹	生 생	蓋 개
子 자	子 자	說 설	一 일	以 이	住 주	種 종
宮 궁	於 어	彼 피	切 체	成 성	處 처	種 종
彼 피	此 차	諸 제	諸 제	熟 숙	及 급	色 색
有 유	南 남	功 공	佛 불	一 일	諸 제	幢 당
長 장	方 방	德 덕	而 이	切 체	如 여	幡 번
者 자	有 유	自 자	我 아	衆 중	來 래	徧 변
名 명	一 일	在 재	云 운	生 생	衆 중	滿 만
法 법	大 대	神 신	何 하	或 혹	會 회	一 일
寶 보	城 성	力 력	能 능	以 이	道 도	切 체

髻(계) 汝(여) 可(가) 往(왕) 問(문) 菩(보) 薩(살) 云(운) 何(하) 學(학) 菩(보)

薩(살) 行(행) 修(수) 菩(보) 薩(살) 道(도) 時(시) 善(선) 財(재) 童(동) 子(자)

幻(환) 戲(희) 踊(용) 躍(약) 恭(공) 敬(경) 尊(존) 重(중) 如(여) 弟(제) 子(자)

禮(례) 作(작) 如(여) 是(시) 念(념) 由(유) 此(차) 居(거) 士(사) 護(호) 念(념)

於(어) 我(아) 令(령) 我(아) 得(득) 見(견) 一(일) 切(체) 智(지) 道(도) 不(부)

斷(단) 愛(애) 念(념) 善(선) 知(지) 識(식) 見(견) 不(불) 壞(괴) 尊(존) 重(중)

善(선) 知(지) 識(식) 心(심) 常(상) 能(능) 隨(수) 順(순) 善(선) 知(지) 識(식)

사경의 공덕은 십만억 부처님께 공양한 것과 같은 공덕이 있습니다.

教決定深信善知識語恒發

深心事善知識頂禮其足遶

無量匝殷勤瞻仰辭退而去

사경의 공덕은 십만억 부처님께 공양한 것과 같은 공덕이 있습니다.

發 願 文

귀의 삼보하옵고

거룩하신 부처님께 발원하옵나이다.

주　소 :

전　화 :　　　　　　　　불명 :　　　　　성명 :

불기 25 ______ 년 ______ 월 ______ 일